R.N. COUDENHOVE KALERGI

IDEALISMO PRÁCTICO
NOBLEZA - TECNOLOGÍA - PACIFISMO

RICHARD NIKOLAUS COUDENHOVE-KALERGI
(1894-1972)

IDEALISMO PRÁCTICO
NOBLEZA - TECNOLOGÍA – PACIFISMO

PRAKTISCHER IDEALISMUS
ADEL - TECHNIK - PAZIFISMUS

Primera edición en 1925 por
PANEUROPA - VERLAG - WIEN-LEIPZIG

© Omnia Veritas Ltd - 2024

Traducido y publicado por
OMNIA VERITAS LTD

www.omnia-veritas.com

Todos los derechos reservados. Ninguna parte de esta publicación puede ser reproducida, almacenada en un sistema de recuperación de datos o transmitida de ninguna forma ni por ningún medio, ya sea electrónico, mecánico, por fotocopia, grabación u otros, sin el permiso previo por escrito del propietario de los derechos de autor.

Dedicación

Para Kenny

PRÓLOGO 11
NOBLEZA - 1920 15
PRIMERA PARTE 17
  DE HOMBRES RURALES Y URBANOS 17
    1. HOMBRE RURAL - URBANITA 17
    2. JUNKER - ESCRITOR 19
    3. CABALLEROS - BOHEMIO 22
    4. ENDOGAMIA - MESTIZAJE 25
    5. MENTALIDAD PAGANA Y CRISTIANA 29
SEGUNDA PARTE 34
  CRISIS DE NOBLEZA 34
    1. REGLA DE LA MENTE EN LUGAR DE LA REGLA DE LA
    ESPADA 34
    2. LOS ALBORES DE LA NOBLEZA 36
    3. PLUTOCRACÍA 40
    4. NOBLEZA DE SANGRE Y FUTURA NOBLEZA 45
    5. JUDAÍSMO Y FUTURA NOBLEZA 49
  OUTLOOK 55
APOLOGÍA DE LA TECNOLOGÍA - 1922 57
  I. EL PARAÍSO PERDIDO 59
    1 LA MALDICIÓN DE LA CULTURA 59
    2. DESARROLLO Y LIBERTAD 60
    3. SUPERPOBLACIÓN Y MIGRACIÓN AL NORTE 61
    4. SOCIEDAD Y CLIMA 62
    5. INTENTOS DE LIBERACIÓN DE LA HUMANIDAD .. 63
  II. ÉTICA Y TECNOLOGÍA 66
    1. LA CUESTIÓN SOCIAL 66
    2. INSUFICIENCIA DE LA POLÍTICA 67
    3. ESTADO Y EMPLEO 67
    4. ANARQUÍA Y OCIO 68
    5. SUPERACIÓN DEL ESTADO Y DEL TRABAJO 69
    6. ÉTICA Y TECNOLOGÍA 71
  III. ASIA Y EUROPA 73
    1. ASIA Y EUROPA 73
    2. CULTURA Y CLIMA 74
    3. LAS TRES RELIGIONES 76
    4. ARMONÍA Y FUERZA 77
  IV. LA MISIÓN TECNOLÓGICA MUNDIAL DE EUROPA 80

1. EL ESPÍRITU EUROPEO.. 80
2. GRECIA COMO PREEUROPA 80
3. LOS FUNDAMENTOS TÉCNICOS DE EUROPA........................ 81
4. CAMBIO TECNOLÓGICO MUNDIAL.................................. 83
5. EUROPA COMO AGENTE CULTURAL 84
6. LEONARDO Y BACON.. 86
V. CAZA - GUERRA - TRABAJO..88
1. PODER Y LIBERTAD.. 88
2. CAZA.. 88
3. GUERRA.. 89
4. TRABAJO... 90
5. LA GUERRA COMO ANACRONISMO................................. 90
6. TECNOLOGÍA.. 91
VI. CAMPAÑA TECNOLÓGICA 93
1. LA MISERIA MASIVA DE EUROPA 93
2. POLÍTICA COLONIAL... 93
3. POLÍTICA SOCIAL... 94
4. REVOLUCIÓN TECNOLÓGICA MUNDIAL............................. 96
5. EL EJÉRCITO DE LA TECNOLOGÍA............................... 97
6. LA GUERRA ELÉCTRICA... 97
7. EL INVENTOR COMO REDENTOR.................................. 99
VII. OBJETIVO FINAL DE LA TECNOLOGÍA............................ 101
1. CULTURA Y ESCLAVITUD...................................... 101
2. LA MÁQUINA 102
3. DESMANTELAMIENTO DE LA GRAN CIUDAD....................... 104
4. EL PARAÍSO CULTURAL DEL MILLONARIO 106
VIII. ESPÍRITU DE LA ERA TECNOLÓGICA 108
1. PACIFISMO HEROICO... 108
2. EL ESPÍRITU DE LA PEREZA 109
3. BELLEZA Y TECNOLOGÍA...................................... 110
4. EMANCIPACIÓN.. 112
5. CRISTIANISMO Y CABALLERÍA 113
6. EL PELIGRO BUDISTA.. 114
IX. STINNES Y KRASSIN 116
1. ESTADOS ECONÓMICOS.. 116
2. EL FIASCO RUSO 117
3. PRODUCCIÓN CAPITALISTA Y COMUNISTA....................... 118
4. MERCENARIOS Y SOLDADOS DEL TRABAJO 121
5. CAPITALISMO SOCIAL - COMUNISMO LIBERAL................... 123
6. CORPORACIÓN Y SINDICATOS 125
X. DEL ESTADO OBRERO AL ESTADO CULTURAL................... 127
1. LA ADORACIÓN DE LOS NIÑOS................................ 127

2. TRABAJO OBLIGATORIO 129
3. ESTADO PRODUCTOR Y CONSUMIDOR 131
4. REVOLUCIÓN Y TECNOLOGÍA 134
5. PELIGROS DE LA TECNOLOGÍA 136
6. ROMANTICISMO DEL FUTURO 138

PACIFISMO - 1924 .... **141**

1. DIEZ AÑOS DE GUERRA 143
2. CITICISMO DEL PACIFISMO 146
3. PACIFISMO RELIGIOSO Y POLÍTICO 149
4. REFORMA DEL PACIFISMO 152
5. PAZ MUNDIAL Y PAZ EUROPEA 155
6. PROGRAMA DE PAZ REALPOLITIK 159
7. PROMOVER LA IDEA DE PAZ 165
8. PROPAGANDA PACIFISTA 168
9. NUEVO HEROÍSMO 174

OTRAS PUBLICACIONES **181**

PRÓLOGO

El idealismo práctico es heroísmo; el materialismo práctico es eudemonismo. Los que no creen en los ideales no tienen motivos para actuar idealmente; o para luchar o sufrir por los ideales. Porque sólo conocen y reconocen un valor: el placer; sólo un mal: el dolor.

El heroísmo requiere fe y compromiso con el ideal: la convicción de que existen valores más elevados que el placer y males mayores que el dolor.

Esta contradicción atraviesa toda la historia de la humanidad; es la diferencia entre los epicúreos y los estoicos. Esta diferencia es mucho mayor que la que existe entre teístas y ateos: porque había epicúreos que creían en dioses, como el propio Epicuro; y había idealistas que eran ateos, como Buda.

No se trata, pues, de creer en dioses, sino de creer en valores. El materialismo es incondicional, pero carece de imaginación y creatividad; el idealismo es siempre problemático y a menudo está enredado con el sinsentido y la locura: sin embargo, la humanidad le debe sus mayores obras y hazañas.

El heroísmo es la nobleza del ethos. El heroísmo está tan estrechamente relacionado con el ideal aristocrático como el materialismo con el democrático. Incluso la democracia cree más en el número que en el valor, más en la suerte que en la grandeza. Por lo tanto, la democracia política sólo puede llegar a ser fructífera y creativa cuando destruye la pseudoaristocracia del nombre y de la riqueza, y da nacimiento eternamente a una nueva aristocracia de la mente y del ethos.

Por tanto, la democracia política tiene como fin último: la democracia espiritual; quiere crear disfrute para los materialistas y poder para los idealistas.

El líder sustituirá al gobernante, el espíritu noble sustituirá al nombre noble, el corazón rico sustituirá al bolsillo rico. Ese es el significado del progreso que se llama democracia.

Cualquier otro significado sería un suicidio cultural.

Por lo tanto, no es casualidad que Platón, el profeta de la aristocracia intelectual fuera al mismo tiempo el padre de la economía socialista; y también, el padre de la visión idealista del mundo.

Porque ambos, aristocracia y socialismo, son idealismo práctico.

El idealismo ascético del Sur se manifestó en la religión; el idealismo heroico del Norte, en la tecnología.

Porque la naturaleza del Norte era un desafío para las personas. Otras tribus sucumbieron; los europeos aceptaron el reto y lucharon. Lucharon hasta que fueron lo bastante fuertes para someter la tierra: lucharon hasta que obligaron a la propia naturaleza que les había desafiado, a servirles.

IDEALISMO PRÁCTICO

Esta lucha exigía heroísmo y engendró heroísmo. Así, para Europa el héroe se convirtió en lo que el santo era para Asia; el culto al héroe complementó el culto a los santos.

El ideal de la acción ocupó el lugar del ideal de la devoción, y se consideró más importante luchar por un ideal que sufrir.

El significado de esta heroica misión mundial sólo ha sido comprendido por Europa en los tiempos modernos; porque sólo con los tiempos modernos comienza su era tecnológica: la guerra de liberación contra el invierno. Esta era tecnológica es también la era del trabajo. El trabajador es el héroe de nuestra era; su opuesto no es el ciudadano, sino el aprovechado. El objetivo del trabajador es crear; el del aprovechado, consumir.

Por tanto, la tecnología es el heroísmo moderno y el trabajador es un idealista práctico.

El problema político y social del siglo 20th es: ponerse al día con el progreso tecnológico del siglo 19th. Este reto de la época es sumamente difícil porque la tecnología sigue desarrollándose a un ritmo más rápido que el desarrollo del hombre y de la humanidad. Este peligro puede evitarse frenando el progreso tecnológico o acelerando el progreso social. De lo contrario, la humanidad perderá el equilibrio y zozobrará. La Guerra Mundial fue una advertencia. La tecnología da a elegir a la humanidad: suicidio o acuerdo.

El desarrollo del mundo en las próximas décadas no tendrá precedentes. El desequilibrio actual de la organización tecnológica y social conducirá a catástrofes destructivas, o bien a un desarrollo político que deje atrás rápida y profundamente todos los modelos del pasado y abra una nueva página en la historia de la humanidad.

Dado que la tecnología abre nuevos caminos al impulso humano y al heroísmo, la guerra empieza a desempeñar su papel histórico en la conciencia humana. Su sucesor es el trabajo. La humanidad se organizará un día y arrancará a la tierra todo lo que hoy nos niega. Tan pronto como este concepto se haga realidad, cada guerra será una guerra civil y cada asesinato un asesinato. La era de la guerra parecerá entonces tan bárbara como hoy la era del canibalismo.

Este desarrollo se producirá si creemos en él y luchamos por él; si no somos tan miopes como para perder de vista el desarrollo, ni tan previsores como para pasar por alto los caminos prácticos y los obstáculos que se interponen entre nosotros y nuestros objetivos: si somos clarividentes y sabemos claramente cómo superar las luchas y dificultades venideras con nuestra voluntad heroica.

Sólo este optimismo de la voluntad puede completar y vencer el pesimismo del conocimiento.

En lugar de quedarnos anclados en un presente caduco y soñar con mejores oportunidades, queremos participar activamente en el desarrollo del mundo mediante un idealismo práctico.

Viena,

Noviembre de 1925

IDEALISMO PRÁCTICO

NOBLEZA-1920

*En memoria de mi padre
Dr. Heinrich Conde Coudenhove-Kalergi
con admiración y gratitud*

RICHARD COUDENHOVE-KALERGI

PRIMERA PARTE

DE HOMBRES RURALES Y URBANOS

1. HOMBRE RURAL-URBANITA

El campo y la ciudad son los dos polos de la existencia humana. El campo y la ciudad producen su humano especial: la persona rural y urbana.

Los habitantes de zonas rurales y urbanas son psicológicamente opuestos. Los agricultores de distintas zonas se parecen emocionalmente a menudo más que los habitantes de la ciudad vecina. Entre granja y granja, entre ciudad y ciudad hay espacio; entre ciudad y granja hay tiempo. Entre la población rural europea viven los representantes de todas las épocas: desde la Edad de Piedra hasta la Edad Media, mientras que sólo las ciudades metropolitanas de Occidente, que produjeron el tipo urbano más extremo, son representativas de la civilización moderna. Siglos, a menudo milenios, separan la gran ciudad de las tierras de labranza que la rodean.

El hombre urbano piensa diferente, juzga diferente, siente diferente, actúa diferente que el hombre rural. La vida en la gran ciudad es abstracta, mecánica, racional; la vida en el campo es concreta, orgánica, irracional. El urbanita es racional, escéptico, crítico; el hombre rural es emocional, religioso, supersticioso.

Todo lo que piensa y siente el hombre rural gira en torno a la naturaleza; vive en simbiosis con el animal, la criatura viva de Dios; es uno con su paisaje, dependiente del tiempo y la estación. El punto focal del alma urbana, en cambio, es la sociedad; vive en simbiosis con las máquinas, las creaciones muertas de los hombres; a través de ellas, el hombre urbano se independiza lo más posible del tiempo y del espacio, de la estación y del clima.

El hombre rural cree en la fuerza de la naturaleza sobre el hombre; el hombre urbano cree en la fuerza del hombre sobre la naturaleza. El hombre rural es un producto natural, el hombre urbano un producto social; uno ve el propósito, la medida y la meta del mundo en el cosmos, el otro en la humanidad.

El hombre rural es tan conservador como la propia naturaleza; el hombre urbano, tan progresista como la sociedad. Todo el progreso se basa en las ciudades y los habitantes de las ciudades. El propio habitante de la ciudad suele ser producto de una revolución dentro de una generación que rompió con su tradición rural, se trasladó a la gran ciudad y empezó a vivir en ella sobre nuevas bases.

La ciudad roba a sus habitantes el disfrute de la belleza de la naturaleza; como compensación les ofrece las artes. Teatro, conciertos, galerías son sucedáneos de la belleza eterna y cambiante del paisaje. Después de un día de trabajo lleno de fealdad, estos institutos de arte ofrecen a los urbanitas belleza en forma concentrada. En el campo son redundantes. La naturaleza es la manifestación extensiva, el arte la intensiva de la belleza.

La relación entre el hombre urbano y la naturaleza, de la que carece, se rige por el anhelo; mientras que la naturaleza colma siempre al hombre rural. Por eso, el hombre urbano la percibe como romántica, el hombre rural como clásica. La moral social (cristiana) es un fenómeno urbano: porque está en función de la convivencia humana, de la sociedad. El urbanita típico combina la moral cristiana con su escepticismo irreligioso, su materialismo racionalista y su ateísmo mecánico. La visión del mundo resultante es el socialismo: la religión moderna de la ciudad moderna.

El cristianismo es poco más que una reinterpretación del paganismo con mitología alterada y nueva superstición para los bárbaros rurales de Europa; -una verdadera religión es la creencia en la naturaleza, en el poder, en el destino.

La población urbana y la rural no se conocen, por lo que desconfían, se malinterpretan y viven en una hostilidad velada o abierta. Hay muchos eslóganes bajo los que se esconde esta oposición básica: internacionalismo rojo y verde; industrialismo y agrarismo; progreso y reacción; judaísmo y antisemitismo.

Todas las ciudades extraen su fuerza del campo; el campo extrae su cultura de la ciudad. El campo es el suelo del que se renuevan las ciudades; la fuente que las alimenta; la raíz de la que florecen. Las ciudades crecen y mueren: el campo es eterno.

2. JUNKER-WRITER

La gloria del hombre rural es el noble, el chatarrero. La gloria del hombre urbano es el intelectual, el escritor.

Tanto el campo como la ciudad han engendrado su nobleza específica: noble voluntad frente a noble espíritu, noble sangre frente a noble mente. El chatarrero típico combina un máximo de carácter con un mínimo de intelecto; el escritor típico, un máximo de intelecto con un mínimo de carácter.

No siempre y en todas partes careció el noble de intelecto, o de carácter intelectual; como en la Inglaterra moderna, en la época de los minnesingers la nobleza de sangre fue un elemento cultural destacado en Alemania; mientras que, por otra parte, la nobleza católica de los jesuitas y la nobleza china de los mandarines demostraron tener tanto carácter como intelecto en su apogeo.

La brecha entre la población rural y la urbana alcanza su punto álgido en el chatarrero y el escritor. La ocupación típica del chatarrero es la de funcionario; la del intelectual, la de periodista.

El junker-oficial se mantiene, psicológica y mentalmente, en el nivel de caballero. Duro consigo mismo y con los demás, cumplidor, enérgico, firme, conservador y estrecho de miras, vive en un mundo de prejuicios dinásticos, militaristas, nacionales y sociales. Con una profunda desconfianza hacia todo lo moderno, contra la gran ciudad, la democracia, el socialismo, el globalismo, cree profundamente en el tipo de sangre, en el honor y en la visión del mundo de sus padres. Desprecia a los urbanitas, especialmente a los escritores judíos.

El escritor se adelanta a su tiempo; representa sin prejuicios las ideas modernas en política, arte, ciencia. Es progresista, escéptico, ingenioso, versátil, mutable; es eudaemonista, racionalista, socialista, materialista. Sobrevalora la mente, subestima el cuerpo y el carácter: y por ello, desprecia al chatarrero como a un bárbaro atrasado.

La naturaleza del junker es la fuerza de voluntad; la del escritor, la agilidad mental. Junker y escritor son rivales y enemigos natos: cuando gobierna la clase noble, el intelecto debe ceder ante la violencia; en tiempos tan reaccionarios, la influencia política de los intelectuales se apaga, o al menos se limita. Cuando gobierna la clase intelectual, la violencia debe ceder ante la mente: la democracia triunfa sobre el feudalismo, el socialismo sobre el militarismo.

El odio entre la aristocracia de la voluntad y la aristocracia de la mente en Alemania tiene sus raíces en la incomprensión. Cada una sólo ve el lado sombrío de la otra y está ciega ante sus virtudes. El alma del aristócrata rural permanece siempre oculta incluso para los intelectuales de alto rango; mientras que el alma del escritor urbano permanece ajena a casi todos los aristócratas. En lugar de aprender unos de otros, un joven teniente mira con desdén a las mentes más destacadas de la literatura moderna, mientras que el peor periodista sólo siente desprecio por los oficiales destacados. Primero, a través de este doble malentendido, los alemanes militaristas subestimaron la resistencia de las masas urbanas contra la guerra, y luego los alemanes revolucionarios subestimaron la resistencia de las masas rurales contra la revolución. Los dirigentes rurales juzgaron mal la psique de los hombres del campo y su tendencia al reaccionarismo: así, Alemania perdió primero la guerra y luego la revolución.

Esta diferencia entre el hombre rural y el urbano es el hecho de que ambos tipos son extremos, y no a la cima de la aristocracia de la sangre y de la aristocracia de la mente. Pues, la manifestación más elevada de la aristocracia de sangre es el caballero distinguido; la de la aristocracia de mente es el genio. Estas dos aristocracias no sólo son compatibles, sino que están emparentadas. César, el perfecto gran señor, fue también el romano más brillante; Goethe, la cumbre del genio, fue el último gran señor de todos los poetas alemanes. Aquí, como en todas partes, las clases medias son las que más divergen, mientras que las clases altas son idénticas.

El aristócrata ideal es al mismo tiempo noble de voluntad y de mente, pero ni chatarrero ni escritor. Combina la visión del mundo con la fuerza de voluntad, el juicio con la acción, la mente con el carácter. Si no existen tales personalidades sintéticas, los aristócratas divergentes de la voluntad y la mente deberían complementarse en lugar de combatirse. En Egipto, India, Caldea, sacerdotes y reyes (intelectuales y guerreros) gobernaron juntos en otros tiempos. El sacerdote se sometía al poder de la voluntad, los reyes al poder de la mente: las mentes mostraban el camino, las armas hacían el camino.

3. CABALLEROS-BOHEMIOS

La nobleza de sangre y la nobleza mental de Europa crearon cada una su tipo específico de persona: Los aristócratas de sangre de Inglaterra crearon al caballero; el aristócrata de mente de Francia es el bohemio.

El caballero y el bohemio se encuentran en un esfuerzo por escapar de la fealdad desoladora de su existencia burguesa: el caballero lo consigue a través del estilo, el bohemio a través del temperamento. El caballero da forma a la vida informe; el bohemio da color a la vida incolora.

El caballero pone orden en el caos de las relaciones; el bohemio aporta libertad.

El ideal de belleza del caballero se basa en la forma, el estilo y la armonía; es estático, clásico, apolíneo. El ideal de belleza del bohemio se basa en el temperamento, la libertad y la vitalidad: es dinámico, romántico y dionisíaco.

El caballero idealiza y estiliza su riqueza; el bohemio idealiza y estiliza su pobreza.

El caballero se basa en la tradición, el bohemio en la protesta. La esencia del caballero es conservadora, la esencia del bohemio es revolucionaria. La madre del "caballero-ideal" es Inglaterra, la nación más conservadora de Europa. La cuna de la "bohemia" es Francia, la nación más revolucionaria de Europa.

El ideal del caballero apunta más allá de Inglaterra, de vuelta al estoicismo romano; el ideal de la bohemia apunta más allá de Francia, de vuelta al ágora griega. Los estadistas romanos son del tipo caballero, los filósofos griegos del tipo bohemio; César y Séneca eran caballeros, Sócrates y Diógenes eran bohemios.

El enfoque del caballero es físico-psicológico; el del bohemio es espiritual; el caballero puede ser un tonto, el bohemio un criminal.

Ambos ideales son fenómenos de cristalización humana; como el cristal sólo puede formarse en un entorno inestable, así ambos deben su existencia a las libertades de Inglaterra y Francia.

En la Alemania imperial faltaba esta atmósfera de cristalización de personalidades: por lo tanto, no podía desarrollar tal ideal. El alemán carecía del estilo del caballero, del temperamento del bohemio y de la gracia y suavidad de ambos.

Como el alemán no podía encontrar en su realidad ninguna forma de vida ideal, buscó la esencia alemana en la poesía; como ideal físico-psicológico encontró al joven Sigfrido, como ideal espiritual al viejo Fausto.

Ambos ideales eran románticos e intempestivos: en una distorsión de la realidad, el romántico ideal de Sigfrido se convirtió en el oficial prusiano, el teniente; el romántico ideal de Fausto se convirtió en el erudito alemán, el profesor. En lugar de orgánicos, eran ideales mecánicos: el oficial representa la mecanización de la psique: el Sigfrido mecánico; el profesor, el Fausto mecánico.

La Alemania de Guillermo estaba más orgullosa de sus oficiales y profesores que de cualquier otra clase. En ellos veía la gloria de la nación, como Inglaterra en sus líderes políticos, y como las naciones romanas veían en sus artistas.

Si la nación alemana quiere evolucionar, debe revisar sus ideales: su energía debe ir más allá de la unilateralidad militarista y ensancharse para incluir la diversidad político-social; su mente debe ir más allá de lo puramente científico y ensancharse para sintetizar al "poeta-pensador".

El siglo 19th dio al pueblo alemán dos hombres de gran estilo, que encarnaron estas aspiraciones de una *germanidad* superior: Bismarck, el héroe de la acción; Goethe, el héroe de la mente.

Bismarck renueva, profundiza y anima el ideal cursi de Sigfrido; Goethe renueva, profundiza y anima el ideal polvoriento de Fausto.

Bismarck poseía las cualidades positivas del oficial alemán, sin sus defectos; Goethe poseía las cualidades del alemán culto, sin sus defectos. En Bismarck, la superioridad del estadista supera la naturaleza limitada del oficial; en Goethe, la superioridad del poeta-pensador supera los límites del intelectual: en ambos, el ideal orgánico de la personalidad supera al mecánico, el hombre supera a la marioneta.

A través de su personalidad ejemplar, Bismarck ha hecho más por el desarrollo de la germanidad que fundando el *Reich* (Imperio); a través de su elevada existencia (olímpica), Goethe ha dado a su país más que con su *Fausto*: porque *Fausto* es, como *Goetz, Werther, Meister* y *Tasso*, meramente un fragmento en el ser de Goethe.

Sin embargo, Alemania debería tener cuidado de no estropear y derribar estos dos ideales haciéndolos demasiado comunes: no hacer de Bismarck un sargento y de Goethe un maestro de escuela.

Alemania podría crecer y sanar gracias a estos dos genios alemanes; podría aprender de ellos la grandeza activa y contemplativa, la productividad y la sabiduría. Porque Bismarck y Goethe son los dos focos en torno a los cuales podría surgir un nuevo estilo de vida alemán que estuviera a la altura de los ideales occidentales.

4. ENDOGAMIA-CRUZAMIENTO

Por lo general, el hombre rural es producto de la endogamia, el hombre urbano, de la mezcla de razas.

Los padres y abuelos de un granjero suelen proceder de la misma zona escasamente poblada; el noble procede de la misma clase alta de la misma zona escasamente poblada. En ambos casos, los antepasados están emparentados entre sí por la sangre y, por tanto, son similares física, psicológica y mentalmente. En consecuencia, transmiten a sus hijos y descendientes sus rasgos comunes, tendencias de la voluntad, pasiones, prejuicios e inhibiciones en un grado aún mayor. Los rasgos esenciales resultantes de tal endogamia son: lealtad, piedad, sentido de la familia y de la casta, coherencia, terquedad, vigor, cerrazón; más prejuicios, menos objetividad y un horizonte estrecho. He aquí una generación que no es una variación de la anterior, sino simplemente una duplicación. Conservación en lugar de evolución.

En la gran ciudad confluyen razas y clases. Por regla general, los urbanitas son mestizos y proceden de diversos grupos sociales y nacionales. En ellos se eliminan, o al menos se debilitan, los rasgos de carácter, los prejuicios, las inhibiciones, las tendencias de la voluntad y las visiones del mundo de sus padres y abuelos. El resultado es que los mestizos suelen suplir su falta de carácter, su falta de inhibiciones, su debilidad de voluntad, su incoherencia, su impiedad y su deslealtad con objetividad, versatilidad, inquietud mental, libertad de prejuicios y un horizonte más amplio. Los mestizos son siempre diferentes de sus padres y abuelos; cada generación es una variación de la anterior, ya sea en términos de evolución o de degeneración.

El hombre consanguíneo es siempre una persona de una sola alma; el hombre mestizo, una persona de varias almas. En cada individuo, sus antepasados viven como elementos de su alma: si se parecen, su alma es uniforme; si son diversos, el hombre es diverso, complicado, distinto.

El tamaño de una mente reside en su amplitud, es decir, en su capacidad para captarlo y abarcarlo todo; el tamaño de un carácter depende de su profundidad, es decir, de su capacidad para querer, atenta y solitariamente. En cierto sentido, la sabiduría y la inquietud son contradictorias.

Cuanto más pronunciada es la capacidad y la tendencia de una persona a ver sabiamente las cosas desde todos los lados y sin prejuicios, más débil suele ser su voluntad de actuar impulsiva y sesgadamente: porque todo motivo es cuestionado por un contramotivo, toda creencia por el escepticismo y toda acción por la comprensión de su insignificancia cósmica. Sólo el hombre prejuiciado y de mente única puede ser eficaz. Pero no sólo existe una estrechez de miras inconsciente e ingenua, sino también una estrechez de miras consciente y heroica. El hombre heroico de mente única -y a este tipo pertenecen todos los hombres de acción verdaderamente grandes- desconecta de vez en cuando todas las facetas de su ser, excepto la necesaria para su acción. Puede ser objetivo, crítico, escéptico y atento antes o después de la acción, pero es subjetivo, fiel, estrecho de miras e injusto durante la acción.

La sabiduría inhibe la acción; la acción niega la sabiduría. La voluntad más fuerte es ineficaz si no tiene dirección; incluso una voluntad débil desencadena el efecto más fuerte, si está enfocada.

No hay vida de acción sin maldad, error, culpa: quien teme la animosidad, se queda en el reino del pensamiento, de la tranquilidad, de la pasividad. Las personas veraces siempre callan: porque toda afirmación es, en cierto sentido, una mentira, un pecado; las personas de corazón puro siempre están inactivas, porque toda acción es, en cierto sentido, errónea. Pero es valiente hablar a riesgo de mentir; actuar a riesgo de obrar mal.

La endogamia refuerza el carácter, pero debilita la mente. El mestizaje debilita el carácter, pero fortalece la mente. Cuando la endogamia y la mezcla de razas son favorables, dan lugar al tipo humano más elevado, que combina el carácter más fuerte con la mente más aguda. Cuando la endogamia y la mezcla de razas son desfavorables, dan lugar a un tipo degenerado de carácter débil y mente embotada.

El hombre del futuro será un mestizo. Las razas y castas actuales serán víctimas de la creciente superación del espacio, el tiempo y los prejuicios. La raza euroasiática-negroide del futuro, similar en sus rasgos a los antiguos egipcios, sustituirá la diversidad de naciones por una diversidad de "personalidades". Según las leyes de la herencia, la variedad de los descendientes surge de la variedad de los antepasados, y la uniformidad de los descendientes de la uniformidad de los antepasados. En las familias monoraciales, un hijo se parece a otro: porque todos representan un tipo familiar común. En las familias mestizas, los hijos se parecen entre sí: cada uno forma una nueva variación de los diversos elementos parentales y ancestrales.

La endogamia produce un tipo característico: la mezcla de razas produce personalidades originales.

El predecesor de la raza planetaria del futuro en la Europa moderna es el ruso, como mestizo eslavo, tártaro y finlandés; porque él, entre todos los nacionales europeos, es el que menos tiene de todas las razas, y es la típica persona multialma con un alma amplia, rica y que lo abarca todo.

Su opuesto más fuerte es el británico aislado, la persona de alma única muy endogámica, cuya fuerza reside en el carácter, la voluntad y en lo típico. La Europa moderna le debe el tipo más reservado y completo: el caballero.

5. MENTALIDAD PAGANA Y CRISTIANA

Dos tipos de almas compiten por el dominio del mundo: el paganismo y el cristianismo. Con las denominaciones que llevan estos nombres, estas almas sólo tienen relaciones superficiales. Si se cambia el énfasis de lo dogmático a lo ético, y de lo mitológico a lo psicológico, el budismo se transforma en ultracristianismo, mientras que el "americanismo" aparece como paganismo modernizado. Oriente es el principal portador de la mentalidad cristiana, Occidente de la pagana; los paganos chinos son mejores cristianos que los alemanes cristianos.

El paganismo sitúa la energía, el cristianismo el amor en lo más alto de la escala ética. El ideal cristiano es el santo amoroso, el pagano el héroe victorioso. El cristianismo quiere transformar el homo ferus en homo domesticus, y el depredador-humano en mascota-humana, mientras que el paganismo quiere hacer al hombre "sobrehumano". El cristianismo quiere domar a un león para que sea un gato doméstico, mientras que el paganismo quiere criar a un gato para que sea un tigre.

El principal heraldo del cristianismo moderno fue Tolstoi; el principal predicador del paganismo moderno, Nietzsche.

La antigua religión germánica era puro paganismo. Vivió bajo una máscara cristiana: En la Edad Media como caballería, en los tiempos modernos como ideología imperialista y militarista. Oficiales, junkers, colonos y capitanes de industria son los principales representantes del paganismo moderno. Impulso, valentía, grandeza, libertad, poder, fama y honor: estos son los ideales del paganismo; mientras que el amor, la mansedumbre, la humildad, la compasión y la abnegación son ideales cristianos. La antítesis: paganismo-cristianismo no coincide con la antítesis: rural-urbano, ni con: endogamia-mestizaje. Pero sin duda, la barbarie rural y la endogamia favorecen el desarrollo de una civilización pagana, y la mezcla de razas el desarrollo de una mentalidad cristiana.

Por lo general, el individualismo pagano sólo es posible en zonas poco pobladas de la Tierra, donde el individuo puede florecer y desenvolverse temerariamente, sin enemistarse de inmediato con sus congéneres. En zonas superpobladas, donde las personas viven muy cerca unas de otras, el principio social del apoyo mutuo debe complementar y, en parte, sustituir la lucha individual por la supervivencia.

El cristianismo y el socialismo son productos cosmopolitas. El cristianismo, como religión mundial, tuvo su punto de partida en la diversa ciudad cosmopolita de Roma; el socialismo, en las ciudades industriales multinacionales de Occidente. Ambas manifestaciones de la mentalidad cristiana se basan en el internacionalismo. La resistencia al cristianismo emanó de las poblaciones rurales (paganos); al igual que hoy, la población rural es la resistencia más fuerte a la realización de un modo de vida socialista.

Las zonas septentrionales, poco pobladas, fueron siempre los centros de la voluntad pagana, y las zonas meridionales, densamente pobladas, los lugares del sentimiento cristiano. Cuando hoy se habla de la diferencia entre la espiritualidad oriental y la occidental, no suele significar otra cosa que la diferencia entre los pueblos del sur y del norte. El japonés, como oriental más septentrional, suele ser más "occidental"; mientras que la mentalidad de los italianos del sur y de los sudamericanos es más "oriental". Para el estado del alma, la latitud parece ser más decisiva que el grado de longitud.

No sólo la situación geográfica: también el desarrollo histórico tiene una influencia determinante en el alma de una nación. Los chinos, al igual que los judíos, se sienten más cristianos que las naciones germánicas, porque sus culturas son más antiguas. Los pueblos germánicos están más cerca en el tiempo del hombre primitivo que los chinos o los judíos; estas dos civilizaciones antiguas pudieron emanciparse más a fondo del modo de vida pagano-natural porque tuvieron al menos tres mil años más para hacerlo. El paganismo es un síntoma de juventud cultural, el cristianismo un síntoma de mago cultural.

Tres naciones: Griegos, romanos y judíos han conquistado, cada uno a su manera, el mundo cultural antiguo. Primero, los griegos estético-filosóficos: en el helenismo; luego los romanos práctico-políticos: en el imperio romano; y los judíos ético-religiosos: en el cristianismo.

El cristianismo, hecho ético por los esenios judíos (Juan), e intelectual por los alejandrinos judíos (Filón) fue el judaísmo reconstruido. En la medida en que Europa es cristiana, es (en el sentido ético-espiritual) judía; en la medida en que Europa es moral, es judía. Casi toda la ética europea hunde sus raíces en el judaísmo. Todos los precursores de la moral cristiana religiosa o irreligiosa, desde Agustín hasta Rousseau, Kant y Tolstoi, fueron judíos por elección, en un sentido espiritual. Nietzsche es el único no judío, el único eticista pagano de Europa. Los representantes más destacados y seguros de las ideas cristianas, que en su renacimiento moderno se llaman pacifismo y socialismo, son judíos.

En Oriente, los chinos son la nación ética por excelencia (frente a los japoneses estético-heroicos y los indios religioso-especulativos), en Occidente son los judíos. Dios era el jefe de Estado de los antiguos judíos, su ley moral era el código civil, el pecado era un delito.

El judaísmo se ha mantenido fiel a la idea teocrática de la identificación de la política con la ética a lo largo de los milenios: el cristianismo y el socialismo son ambos intentos de establecer un Reino de Dios. Hace dos milenios, los primeros cristianos, y no los fariseos y saduceos, heredaron y revivieron las tradiciones de Moisés; hoy no son ni los sionistas ni los cristianos, sino los líderes judíos del socialismo: pues ellos también quieren erradicar, con gran abnegación, el pecado original del capitalismo, y liberar a la humanidad de la injusticia, la violencia y la esclavitud, y transformar el mundo expiado en un paraíso terrenal.

Para estos profetas judíos, que preparan una nueva época mundial, la ética es primordial en todas las cosas: política, religión, filosofía y arte. Desde Moisés hasta Otto Weininger, la ética fue el tema principal de la filosofía judía. En esta actitud ética hacia el mundo reside la raíz de la grandeza única del pueblo judío y, al mismo tiempo, el peligro de que los judíos que pierden su fe en la ética, caigan en un egoísmo cínico: mientras que otros, incluso después de perder su ética, aún conservan una riqueza de valores y prejuicios caballerescos (hombre de honor, caballero, caballeresco, etc.) que los salvaguardan de una caída en el caos de los valores.

Lo que separa a los judíos del ciudadano urbano medio es principalmente que son personas endogámicas. La fuerza de carácter combinada con un agudo intelecto predestina al espécimen más excelente de los judíos a convertirse en líderes de la humanidad, falsos o verdaderos aristócratas espirituales, y protagonistas del capitalismo o de la revolución.

SEGUNDA PARTE

CRISIS DE NOBLEZA

1. REGLA DE LA MENTE EN LUGAR DE LA REGLA DE LA ESPADA

Nuestra era democrática es un miserable interludio entre dos grandes eras aristocráticas: la aristocracia feudal de la espada y la aristocracia social de la mente. La aristocracia feudal está en declive, la aristocracia intelectual está en auge. El ínterin se llama democracia, pero está gobernado por la pseudoaristocracia del dinero.

En la Edad Media, el caballero rural gobernaba sobre el ciudadano urbano en Europa, la mentalidad pagana sobre la cristiana, y la nobleza de sangre sobre la nobleza de mente. La superioridad del caballero sobre el ciudadano se basaba en la fuerza del cuerpo y el carácter, el poder y el valor.

Dos inventos conquistaron la Edad Media, abriendo la nueva era: la invención de la pólvora significó el fin del dominio de los caballeros, y la invención de la imprenta el comienzo del dominio intelectual. Con la introducción de las armas de fuego, la fuerza y el valor perdieron su importancia decisiva en la lucha por la supervivencia: la mente, en la lucha por el poder y la libertad, se convirtió en el arma preferida.

La imprenta otorgó a la mente un poder de alcance ilimitado: la humanidad escritora se trasladó al centro de una humanidad lectora y elevó así al escritor a líder intelectual de las masas. Gutenberg dio a la pluma el poder que (Georg) Schwarz había arrebatado a la espada. Con la ayuda de la tinta de imprenta, Lutero conquistó un imperio mayor que el de todos los emperadores alemanes.

En la época del despotismo ilustrado, los gobernantes y estadistas obedecían las ideas que provenían de los pensadores. Los autores de la época formaron la aristocracia intelectual de Europa. La victoria del absolutismo sobre el feudalismo significó la primera victoria de la ciudad sobre el campo, y al mismo tiempo la primera etapa en la carrera de la victoria de la nobleza mental, la caída de la nobleza de la espada. En lugar de la dictadura medieval del campo sobre la ciudad llegó la dictadura moderna de la ciudad sobre el campo.

Con la Revolución Francesa, que acabó con los privilegios de la nobleza de sangre, comenzó la segunda época de la emancipación intelectual. La democracia se basa en la premisa optimista de que una nobleza de espíritu podría ser reconocida y elegida por mayoría popular.

Ahora estamos en el umbral de la tercera época de la era moderna: la del socialismo. También éste se apoya en la clase urbana de los trabajadores industriales, dirigida por la aristocracia de autores revolucionarios.

La influencia de la nobleza de sangre disminuye y la de la nobleza intelectual aumenta.

Esta evolución, y el caos de la política moderna, sólo terminarán cuando una aristocracia intelectual se apodere de los recursos de poder de la sociedad: municiones, oro y tinta, y los utilice en beneficio de todos.

Un paso decisivo hacia este objetivo es el bolchevismo ruso, en el que un pequeño grupo de aristócratas intelectuales comunistas gobierna una nación y rompe deliberadamente con la democracia plutocrática que domina el resto del mundo actual.

La lucha entre el capitalismo y el comunismo por la herencia de la nobleza de sangre derrotada es una guerra civil entre la nobleza mental victoriosa, una guerra entre el individualismo y el socialismo, el egoísmo y el altruismo, el espíritu pagano y el cristiano. El estado mayor de ambos partidos se reclutó entre la clase mental dominante de Europa: los judíos. Capitalismo y comunismo son ambos racionales, ambos mecánicos, ambos abstractos, ambos urbanos. La nobleza de la espada finalmente ha salido. Crece el efecto de la mente, el poder de la mente, la creencia en la mente y la esperanza en la mente, y con ello, una nueva nobleza.

2. LOS ALBORES DE LA NOBLEZA

En el curso de los tiempos modernos, la nobleza de la sangre fue envenenada por la atmósfera del patio, la nobleza de la mente por el capitalismo.

Desde el final de la era de los caballeros, la alta nobleza de la Europa continental, con pequeñas excepciones, se encuentra en un estado de decadencia progresiva. Debido a la urbanización, ha perdido su ventaja física y mental.

En la época del feudalismo, la nobleza de sangre estaba llamada a proteger su tierra contra los ataques del enemigo y el derrocamiento de su gobernante. El noble era libre y confiado con sus subordinados, sus iguales y sus superiores; como un rey en su señorío, su personalidad podía desenvolverse según los principios caballerescos.

El absolutismo cambió esta situación: la nobleza resistente, que era libre, orgullosa y valiente, insistió en sus derechos históricos y fue erradicada en su mayor parte; el resto fue arrastrado a la corte del rey y obligado a una resplandeciente servidumbre. Esta nobleza cortesana no era libre, y dependía de los caprichos del soberano y su cábala; así, perdió sus mejores atributos: carácter, libertad, orgullo, liderazgo. Para quebrar el carácter y, por tanto, la resistencia de la nobleza francesa, Luis XIV la atrajo a Versalles; la gran revolución estaba reservada para la culminación de su obra: arrebató los derechos restantes a la nobleza que había abandonado y perdido sus bienes. Sólo las naciones de Europa conservaron un líder noble, donde la nobleza -fiel a su misión caballeresca- fue líder y luchadora de la oposición nacional contra el despotismo y la supremacía monárquicos: Inglaterra, Hungría, Polonia, Italia.

Desde la transformación de la cultura europea de una caballeresco-rural a una cívico-urbana, la nobleza de sangre se quedó rezagada en términos intelectuales respecto a los ciudadanos de a pie. La guerra, la política y la gestión de sus haciendas eran tan exigentes, que sus capacidades mentales e intereses a menudo quedaban atrofiados.

A estas causas históricas de un nuevo amanecer de la nobleza se sumaron otras fisiológicas. En lugar del duro servicio militar medieval, la nueva era trajo a la nobleza una vida de lujo mayoritariamente desocupada; a través de la riqueza heredada, la nobleza pasó de ser el estatus más amenazado, al más seguro; además, hubo influencias degenerativas de la endogamia exagerada, que la nobleza inglesa evitó reproduciéndose frecuentemente con ciudadanos comunes. Por los efectos combinados de estas circunstancias, el tipo físico, psicológico y espiritual del aristócrata ha decaído.

La nobleza intelectual no pudo sustituir a la nobleza de sangre, porque ésta también está en crisis, y en estado de decadencia. La democracia se creó a partir de un dilema: no porque la gente no quisiera nobleza, sino porque no podía encontrarla. En cuanto se constituya una nueva, una verdadera nobleza, la democracia desaparecerá por sí misma. Inglaterra, que poseía una nobleza real, siguió siendo aristocrática, a pesar de su constitución democrática.

La nobleza de espíritu académica de Alemania, hace un siglo líder de la oposición al absolutismo y al feudalismo, y pionera de las ideas modernas y liberales, ha caído ahora en manos de los reaccionarios, los enemigos de la renovación mental y política. Esta pseudo-nobleza mental alemana fue partidaria del militarismo durante la guerra y defensora del capitalismo durante la revolución. Sus lemas rectores: nacionalismo, militarismo, antisemitismo, alcoholismo, son también lemas en la lucha contra la mente. La intelectualidad académica ha juzgado mal, negado y traicionado su misión responsable: sustituir a la nobleza feudal y preparar una nobleza de espíritu.

La intelectualidad periodística también ha traicionado su misión de liderazgo. Llamada a convertirse en líder intelectual y maestra de las masas, a complementar y mejorar lo que un sistema escolar atrasado omitía y violaba, se degradó a sí misma como esclava del capital; la creadora de gustos en política y arte. Su carácter se quebró bajo la presión de representar y defender intereses ajenos en lugar de los propios, y su espíritu se trivializó por la sobreproducción que exige el trabajo.

Como el orador de la antigüedad, el periodista de la era moderna se sitúa en el centro de la maquinaria gubernamental: él mueve a los votantes, los votantes mueven a los delegados, los delegados mueven a los ministros. Así es como la máxima responsabilidad de cada acontecimiento político recae sobre el periodista; y es él, al típico estilo urbano sin carácter, quien se siente libre de toda obligación y responsabilidad.

La escuela y la prensa son los dos puntos desde los que el mundo podría hacerse nuevo y noble sin derramamiento de sangre ni violencia. La escuela alimenta o envenena el alma del niño; la prensa alimenta o envenena el alma del adulto. La escuela y la prensa están hoy en manos de una intelligentsia no intelectual: volver a ponerlas en manos del intelecto debería ser la tarea más elevada de la política ideal, y de la revolución ideal.

Las dinastías gobernantes de Europa han caído por endogamia; las dinastías de los plutócratas por una vida de lujo. La nobleza de sangre degeneró porque se convirtió en sierva de la monarquía; la nobleza de espíritu degeneró porque se convirtió en sierva del capital.

Ambas aristocracias habían olvidado que todo privilegio, todo premio, toda posición excepcional conlleva una responsabilidad. Han olvidado el lema de la verdadera aristocracia: "noblesse oblige". Eligieron disfrutar de los frutos de su ventaja sin sus responsabilidades; se ven a sí mismos como caballeros y superiores, no como líderes y ejemplos para sus semejantes. En lugar de mostrar a la nación nuevos horizontes y allanar el camino, dejaron que los gobernantes y los capitalistas los convirtieran en herramientas para sus intereses: a cambio de lujo, honor y dinero, vendieron su alma, su sangre y su mente.

La antigua nobleza de sangre, así como la nobleza mental, perdieron su derecho a ser llamadas aristocracia, porque carecen de todo signo de verdadera aristocracia: carácter, libertad, responsabilidad. Han cortado los lazos que tenían con las naciones, mediante el esnobismo social, por un lado, y el esnobismo educativo, por otro.

Es en un sentido de némesis histórica que el gran diluvio que emana de Rusia, limpiará el mundo de manera sangrienta o incruenta de los usurpadores, que quieren aferrarse a sus posiciones privilegiadas, habiendo perdido desde hace mucho tiempo sus prerrequisitos mentales.

3. PLUTOCRACIA

En el punto más bajo de la nobleza de sangre y mente, no fue ninguna sorpresa que una tercera clase de personas se hiciera temporalmente con el poder: los plutócratas. La forma de constitución que sustituyó al feudalismo y al absolutismo fue la democracia; la forma de gobierno, la plutocracia. Hoy, la democracia es una fachada de la plutocracia: como las naciones no tolerarían una forma pura de plutocracia, se les concedieron poderes nominales, mientras que el poder real descansa en manos de los plutócratas. Tanto en las democracias republicanas como en las monárquicas, los estadistas son marionetas, los capitalistas son los titiriteros; dictan las directrices de la

Idealismo Práctico

política, gobiernan mediante la compra de la opinión pública de los votantes y, a través de las relaciones profesionales y sociales, de los ministros.

En lugar de la estructura feudal de la sociedad, intervino la plutocracia; el nacimiento ya no es el factor decisivo para el rango social, sino los ingresos. La plutocracia de hoy es más poderosa que la aristocracia de ayer: porque nadie está por encima de ella salvo el Estado, que es su herramienta y el ayudante de su ayudante.

Cuando aún existía la verdadera nobleza de sangre, el sistema de la aristocracia por nacimiento era más justo que el de la aristocracia adinerada actual: porque entonces la casta gobernante tenía sentido de la responsabilidad, cultura y tradición, mientras que la clase que gobierna hoy carece de sentimientos de responsabilidad, cultura o tradición. Las raras excepciones no niegan este hecho.

Mientras que la visión del mundo del feudalismo era heroico-religiosa, la sociedad plutocrática no conoce más valor que el dinero y el lujo: el valor de una persona se estima por lo que tiene, no por lo que es.

Sin embargo, los líderes de la plutocracia están construyendo un sentido de aristocracia, de selección: ya que para amasar grandes riquezas son necesarias una serie de excelentes características personales: empuje, prudencia, astucia, sensatez, rapidez mental, iniciativa, audacia y generosidad. Gracias a estas virtudes, los empresarios de éxito se legitiman como conquistadores modernos cuya voluntad superior y poderes intelectuales triunfan sobre las masas de competidores inferiores.

Esta superioridad de los plutócratas sólo se aplica dentro de su clase de profesionales, pero desaparece cuando se compara a estos magníficos ganadores de dinero con magníficos representantes de profesiones "ideales". Por tanto, es justo que un industrial o un vendedor competente llegue más alto material y socialmente que sus colegas menos competentes, pero no es justo que tenga más poder e influencia social que un artista, académico, político, autor, profesor, juez o médico, que es igualmente capaz en su profesión, pero cuyas habilidades sirven a objetivos "ideales" y sociales: que la mentalidad egoísta-materialista actual sea premiada más alto que la altruista-idealista.

El mal fundamental de la estructura de una sociedad capitalista reside en favorecer las proezas egoístas frente a las altruistas, y las materialistas frente a las idealistas; mientras los verdaderos aristócratas de mente y corazón: los sabios y bondadosos, viven en la pobreza y la impotencia, los humanos egoístas y violentos usurpan sus posiciones.

Así, la plutocracia es aristocracia en su sentido de energía e intelecto, y pseudoaristocracia en un sentido ético y espiritual; desde el punto de vista de la clase obrera, es aristocracia; desde el punto de vista de las profesiones más ideales, es pseudoaristocracia.

Al igual que la aristocracia de la sangre, o de la mente, la aristocracia de la riqueza se encuentra actualmente en un periodo de decadencia. Los hijos y nietos de los magnates de los negocios que llegaron al gran poder de la nada gracias a su voluntad y su trabajo, holgazanean en el lujo y la ociosidad. Muy rara vez se hereda el impulso del padre, o se sublima en creatividad mental o ideal. Las familias plutocráticas carecen de la tradición y la visión del mundo, y del espíritu conservador/rural que preservó a las familias nobles de la extinción durante siglos. Los sucesores débiles asumen la herencia de sus padres sin estar dotados de la voluntad y el intelecto con los que fue creada. El poder y el deseo entran en conflicto y socavan la legitimidad interna del capitalismo. El progreso histórico ha acelerado esta decadencia natural. La nueva plutocracia de los traficantes que está surgiendo debido al auge económico de la guerra está desplazando y sustituyendo a la plutocracia de los hombres de negocios. Mientras que la prosperidad de la nación aumenta con el enriquecimiento de los hombres de negocios, disminuye con el enriquecimiento de los comerciantes. Los hombres de negocios son líderes de la industria, los comerciantes son parásitos. El industrialismo es productivo, el síndrome del comerciante es capitalismo improductivo.

El actual auge económico facilita que personas sin escrúpulos, desinhibidas e irresponsables ganen dinero. Para la especulación y los beneficios de los traficantes, la suerte y la crueldad son más esenciales que una voluntad y una mente fuertes. La actual plutocracia de los traficantes se parece más a una kakistocracia del carácter que a una aristocracia de la gran habilidad. A través de las líneas cada vez más borrosas entre empresa y chanchullo, el capitalismo está siendo comprometido y derribado ante el foro de la mente y en público. Ninguna aristocracia puede durar sin autoridad moral. Cuando la clase dirigente deja de ser un símbolo de valores éticos y estéticos, su colapso es inevitable.

La plutocracia es, en comparación con otras aristocracias, pobre en valores estéticos. Cumple las funciones políticas de la aristocracia, sin ofrecer ninguno de los valores culturales de la nobleza. Pero la riqueza sólo es soportable revestida de belleza, y sólo se justifica como portadora de una cultura estética. En cambio, la nueva plutocracia se reviste de desoladora insipidez y descarada fealdad: su riqueza es estéril y repulsiva.

La plutocracia europea, a diferencia de la estadounidense, descuida su misión ética tanto como la estética: los benefactores sociales de gran estilo son tan raros como los mecenas. En lugar de reconocer el capitalismo social como el propósito de su existencia (combinar los fragmentados bienes nacionales para obras generosas de una humanidad creativa), los plutócratas se sienten justificados en su mayoría opresora, para construir riqueza irresponsablemente sobre las espaldas de las masas miserables. Son explotadores de la humanidad, en lugar de fideicomisarios, líderes erróneos en lugar de dirigentes.

A través de esta falta de cultura estética y ética, la plutocracia crea odio y desprecio en la opinión pública y en sus dirigentes. Si no empatiza, debe caer.

La revolución rusa significa el principio del fin de esta era histórica. A pesar de la derrota de Lenin, su sombra dominará el siglo XX como la revolución francesa, a pesar de su caída, dominó el XIX: feudalistas y absolutistas no habrían dimitido voluntariamente en la Europa continental; lo hicieron por miedo a que se repitieran los terrores contra la aristocracia y el rey franceses. Será más fácil que la espada de Damocles bolchevista ablande los corazones de los plutócratas, y que se disponga de financiación social, que el evangelio de Cristo dentro de dos mil años.

4. NOBLEZA DE SANGRE Y FUTURA NOBLEZA

La nobleza se define por la belleza física, espiritual y mental; belleza de completa armonía y energía espiritual: quien puede superar a su entorno en este aspecto, es un aristócrata.

El viejo tipo de aristócrata se está extinguiendo; el nuevo tipo aún no se ha construido, y el ínterin es pobre en grandes personalidades: gente guapa, gente noble y gente sabia. En su lugar, los sucesores de la nobleza que se hunde usurpan las formas muertas de la antigua aristocracia y las llenan con el contenido de míseros burgueses. La fuerte fuerza vital de la antigua aristocracia pasó a los advenedizos: pero éstos carecen de su forma, gentilidad y belleza.

El tiempo no debe desesperar por la idea de nobleza, ni por el futuro de la nobleza. Si la humanidad ha de marchar hacia adelante, necesitamos líderes, maestros, guías; éstos son ejemplos de lo que la humanidad desea llegar a ser; los pioneros de la futura elevación a esferas superiores. Sin nobleza no hay evolución. La política eudemonista puede ser democrática; la política evolucionista debe ser aristocrática. Para elevarse y marchar hacia adelante, se necesitan objetivos: para alcanzar objetivos se necesitan personas: pero para establecer y dirigir estos objetivos se necesitan aristócratas.

El aristócrata como líder es un concepto político; el aristócrata como modelo de conducta es un concepto "ideal". El requisito máximo es que la aristocracia coincida con la nobleza y el liderazgo con los modelos de conducta: que las personas perfectas se conviertan en líderes.

De la mayoría de la humanidad en Europa que sólo cree en los números, en la mayoría, destacan dos razas de calidad: la nobleza de sangre y el judaísmo. Separadas entre sí, ambas creen en su vocación superior, en su sangre superior y en la diferencia de las razas. En estas dos heterogéneas razas superiores reside el corazón de la futura nobleza de Europa: la nobleza de sangre feudal, en la medida en que no esté corrompida por la corte, y la nobleza de espíritu judía, si no está corrompida por el dinero. Entre los ciudadanos de un futuro mejor, quedan unos pocos aristócratas rurales de alto rango moral y una pequeña fuerza de combate de la inteligencia revolucionaria. La comunidad se convierte en un símbolo de Lenin, el hombre de la baja nobleza rural, y Trotzki, la figura literaria judía: aquí se reconcilian los opuestos de carácter y espíritu, chatarrero y escritor, rual y urbano, pagano y cristiano, y se crea una aristocracia revolucionaria.

Bastaría un pequeño paso mental para alistar a los mejores elementos de la nobleza de sangre al servicio de esta nueva liberación humana. Su valor tradicional, su mentalidad antiburguesa y anticapitalista les predestinan para este puesto, al igual que su responsabilidad, su desprecio por las ventajas materialistas, su voluntad estoica, su integridad y su idealismo. Si se les conduce por caminos espirituales y libres, las fuertes energías nobles que hasta ahora sostenían a los reaccionarios, pueden regenerarse y engendrar tipos de líderes que combinen voluntad rígida, gran espíritu y desinterés; y unirse a las filas de los rejuvenecidos representantes de la nobleza de espíritu, y liberar y mejorar a la humanidad.

En Europa, la política fue durante siglos un privilegio de los nobles. La alta nobleza creó una clase política internacional en la que se cultivaban los talentos diplomáticos. Durante muchas generaciones, la nobleza de sangre europea vive en un ambiente político del que se mantiene alejado al ciudadano de a pie. En sus grandes propiedades privadas, la aristocracia aprendió el arte de gobernar, de cómo tratar a las personas y, en los puestos dirigentes del gobierno, de cómo tratar a las naciones. La política es un arte, no una ciencia; se basa en el instinto, no en el cerebro. En el subconsciente, no en el consciente. El talento político se despierta y se cuida, no se aprende. El genio rompe todas las reglas, pero la nobleza es más rica en talentos políticos que los ciudadanos de a pie. Porque sólo hace falta una vida para adquirir conocimientos, pero hacen falta muchas generaciones para adquirir instintos. En las ciencias y las artes, el ciudadano corriente supera a los nobles: pero en política es al revés. Por eso, incluso en la Europa democrática, la política exterior se delega en los vástagos de la alta nobleza. Es en el mejor interés del Estado utilizar para el bien común los talentos políticos hereditarios que la aristocracia ha absorbido durante siglos. El talento político de la alta nobleza se debe a su fuerte linaje. Esta raza nacional amplía el horizonte y contrarresta los malos resultados de la endogamia: la mayoría de los aristócratas inferiores reúnen las desventajas de la endogamia, como la falta de carácter y la pobreza espiritual, mientras que en las escasas y elevadas formas de nobleza confluyen lo positivo: carácter y espíritu.

Intelectualmente hablando, hay una diferencia abismal entre la extrema derecha (nobleza de sangre conservadora) y la extrema izquierda (nobleza de espíritu), mientras que el carácter de esos aparentes opuestos es muy similar. Pero todas las cuestiones intelectuales, y conscientes, están en la superficie, y las cosas relativas al carácter y al inconsciente yacen en lo más profundo de la personalidad. Los conocimientos y las opiniones son más fáciles de adquirir y cambiar que el carácter y la voluntad.

Lenin y Ludendorff son opuestos en sus ideales políticos, pero hermanos en su voluntad. Si Ludendorff se hubiera criado en un ambiente revolucionario con estudiantes rusos, como Lenin, habría presenciado, como Lenin, la ejecución de su hermano por verdugos imperiales. Probablemente lo veríamos dirigiendo la Rusia roja. Si Lenin se hubiera criado en una academia militar prusiana, podría haberse convertido en un Super-Ludendorff. Lo que separa a estos dos personajes similares es su intelecto. El de Lenin parece heroico y consciente, el de Ludendorff parece ingenuo e inconsciente. Lenin no es sólo un líder: también parece espiritual; un Ludendorff espiritual, por así decirlo.

El mismo paralelismo puede hacerse entre otros dos representantes de la extrema izquierda y derecha: Friedrich Adler y Graf Arco. Ambos fueron asesinados por idealismo y mártires por sus convicciones. Si Adler hubiera vivido en el ambiente militarista-reaccionario de la nobleza de sangre alemana, y Arco en el ambiente socialista-revolucionario de los aristócratas de mente austriacos, la bala de Arco habría matado al primer ministro Sturgkh, y la bala de Adler habría matado al primer ministro Eisner. Porque son hermanos, separados por la diferencia de sus prejuicios inculcados, y conectados por sus caracteres heroicos y abnegados. Aquí también está la diferencia intelectual (Adler es espiritual) no en la pureza de sus pensamientos. Si se alaba el carácter de uno, no se puede minimizar al otro, como hace todo el mundo hoy en día.

Donde hay mayor vitalidad, allí está el futuro. La élite del campesinado, los aristócratas rurales, a través de una simbiosis milenaria con la naturaleza viva y vivificante, han reunido y almacenado (si se han mantenido sanos) una gran cantidad de fuerzas vitales. Si la nueva educación consiguiera sublimar en el intelecto estas energías vitales potenciadas, tal vez la aristocracia del pasado podría desempeñar un papel importante en la creación de la aristocracia del futuro.

5. JUDAÍSMO Y FUTURA NOBLEZA

Los principales portadores de la nobleza de espíritu, tanto corrupta como incorrupta: capitalismo, periodismo, literatura, son los judíos. Están predestinados, por su superioridad intelectual, a ser una influencia principal en los futuros aristócratas.

Un vistazo a la historia del pueblo judío explicará la ventaja en la batalla por liderar a la humanidad. Hace dos mil años, los judíos eran una comunidad religiosa formada por individuos éticos y espirituales de todas las naciones antiguas, con su centro nacional hebreo en Palestina. Incluso entonces, lo que les unía era principalmente la religión, no la nación. En el transcurso de los primeros mil años, se les unieron conversos de todas las naciones, siendo los últimos reyes, nobles y ciudadanos de Khazaria, en el sur de Rusia. A partir de entonces, la comunidad judía religiosa se unió como una nacionalidad artificial y se enfrentó a todas las demás.

Mediante persecuciones indecibles, la Europa cristiana ha intentado extinguir a la nación judía durante mil años. El resultado fue que los judíos de voluntad débil, sin escrúpulos, oportunistas o escépticos, se bautizaron para escapar de las interminables persecuciones. Otros judíos que no eran listos, inteligentes o inventivos, perecieron bajo las duras condiciones.

Lo que finalmente surgió de todas estas persecuciones fue una pequeña comunidad endurecida por el heroico martirio por una idea, y purificada de todas las debilidades y pobres cualidades mentales. En lugar de destruir el judaísmo, Europa ha levantado contra su conocimiento, a través de la selección natural artificial, la nación líder del futuro. Por lo tanto, no es de extrañar que esta nación, los descendientes de los prisioneros del gueto se está convirtiendo en los aristócratas de la mente en Europa. La bondadosa providencia ha dado graciosamente a Europa, a través de la emancipación de los judíos, una nueva raza de aristócratas de la mente, cuando la aristocracia feudal decayó.

El primer ejemplo de esta creciente aristocracia del futuro fue el noble judío revolucionario Lassalle, que combinaba en gran medida belleza física, carácter de noble valor y agudeza mental: aristócrata en el sentido más verdadero y elevado de la palabra, fue un líder nato y guía de su tiempo.

El judaísmo no es la nueva nobleza; pero: es el vientre del que surge una nueva nobleza intelectual: el núcleo en torno al cual se agrupa una nueva nobleza intelectual. Se está gestando una "raza superior" intelectual-urbana: idealistas, espirituales, afinados, justos y veraces, valientes como los aristócratas feudales en sus mejores tiempos, que abrazan alegremente la muerte y la persecución, el odio y el desprecio, con tal de hacer a la humanidad más moral, más espiritual y más feliz.

Los héroes y mártires judíos de la revolución de Europa Oriental y Central no son menos valientes, resistentes o idealistas que los héroes no judíos de la Guerra Mundial, pero los superan intelectualmente. La esencia de esos hombres y mujeres que intentan liberar y renovar a la humanidad es una extraña síntesis de elementos religiosos y políticos: martirio heroico, propaganda intelectual, vigor revolucionario y amor social por la justicia y la compasión. Estas características, que en su día les convirtieron en los creadores del movimiento cristiano mundial, les sitúan hoy en la cúspide del socialista.

Con ambos intentos de salvación (espiritual y moral) el judaísmo ha regalado a las masas desheredadas de Europa más riqueza que ninguna otra nación. Así como el judaísmo moderno tiene más hombres importantes per cápita que las demás naciones: apenas un siglo después de su liberación, esta minúscula nación está con Einstein en la cima de la ciencia moderna; Mahler en la cima de la música moderna; Bergson en la cima de la filosofía moderna; Trotsky en la cima de la política moderna. La prominente posición que ocupa hoy el judaísmo se la debe únicamente a su mente superior, que le permite triunfar frente a una competencia de rivales enormemente favorecidos, odiosos y envidiosos. El antisemitismo moderno es una de las muchas reacciones de lo ordinario contra lo extraordinario; es una forma moderna de ostracismo de toda una nación. Como nación, el judaísmo experimenta la eterna lucha de la cantidad contra la calidad, y de los grupos inferiores contra los individuos superiores, así como de las mayorías inferiores contra las minorías superiores.

Las raíces del antisemitismo hay que buscarlas en la estrechez de miras y la envidia: estrechez de miras religiosa o económica; envidia intelectual o económica.

Debido a que los judíos surgieron de una comunidad religiosa internacional, más que de una raza local, son la nación con más sangre mezclada; debido a que se han distanciado de otras naciones durante mil años, son también la nación con más endogamia. Los elegidos entre ellos combinan, como la alta nobleza, la fuerza de voluntad con la fuerza de intelecto, mientras que otro grupo de judíos combina los defectos de la endogamia con los defectos de la mezcla de razas: una falta de carácter mezclada con la cerrazón. Aquí encontramos la abnegación más santa junto al egoísmo individual, y el idealismo más puro junto al materialismo craso. Aquí se cumple la regla: cuanto más mezclada está una nación, menos se parecen los ciudadanos y menos posible es construir un único tipo de raza.

Donde hay luz, hay sombras. Las familias con genios muestran un mayor porcentaje de familiares enfermos mentales que la media; esta regla también se aplica a las naciones. No sólo los aristócratas mentales del mañana, sino también los traficantes-kakistócratas de hoy reclutan principalmente a judíos, y afilan así las armas del antisemitismo.

Mil años de esclavitud arrebataron a los judíos, con pocas excepciones, el sentimiento de ser la raza superior. La opresión constante inhibe el desarrollo de la personalidad: le quita el elemento principal del ideal estético de nobleza. La mayoría de los judíos sufren esta carencia psicológica y físicamente, y es la razón principal por la que los europeos se oponen instintivamente a reconocer a los judíos como una raza noble.

El resentimiento con el que está afligido el judaísmo, le da mucha tensión vital; pero le quita noble armonía. La exagerada endogamia combinada con la hiperurbanidad de su pasado de gueto tuvo como consecuencia rasgos de decadencia física, y psicológica. Lo que las mentes de los judíos ganaron, sus cuerpos lo han perdido; lo que los cerebros de los judíos ganaron, sus sistemas nerviosos lo han perdido.

Los judíos padecen hipertrofia cerebral, que es lo contrario de lo que exige el desarrollo de la personalidad noble. La debilidad física y nerviosa de muchos judíos intelectualmente superiores conduce a la falta de valor físico (relacionado con el valor moral más elevado) y a la inseguridad en el rendimiento, rasgos que siguen siendo incompatibles con el ideal caballeresco de los hombres nobles.

La raza superior intelectual de los judíos adolece de las características de una raza esclava que adquirieron en su desarrollo histórico: todavía hay dirigentes judíos que exhiben la postura y los gestos del esclavo oprimido. En sus gestos, los aristócratas inferiores parecen más nobles que el judío más excelente. Estos defectos se desarrollaron en la evolución, y desaparecerán en la evolución. Hacer a los judíos más rurales (objetivo principal del sionismo), combinado con la educación física, liberará a los judíos de cualquier residuo del gueto que aún lleven dentro. Que esto sea posible demuestra la evolución de los judíos estadounidenses. A la libertad y el poder reales que han conquistado los judíos pronto seguirán la postura y los gestos de personas libres y poderosas.

No sólo los judíos cambiarán en la dirección del ideal nobiliario occidental, sino que el ideal nobiliario occidental sufrirá un cambio, que se encontrará con el judaísmo a medio camino. En una Europa pacífica del futuro, la nobleza se despojará de su carácter guerrero y lo sustituirá por un intelectual-sacerdocio. Un mundo occidental pacifista y socialista no necesitará señores ni gobernantes, sólo líderes, educadores e ídolos. En una Europa oriental, el aristócrata del futuro se parecerá más a un brahmán y a un funcionario chino que a un caballero.

PERSPECTIVAS

El aristócrata del futuro no será ni feudal, ni judío, ni burgués ni proletario: será sintético. Las razas y las clases de hoy desaparecerán, las personalidades permanecerán.

Sólo mezclándose con la mejor sangre, los rasgos viables de la antigua nobleza feudal alcanzarán nuevas cotas; sólo cruzándose con los mejores europeos no judíos, el elemento judío de la futura nobleza alcanzará todo su potencial. Al pueblo elegido del futuro, una nobleza rural físicamente bien educada podrá regalar cuerpos y gestos perfectos, y una nobleza urbana altamente educada añadirá destreza mental, ojos y manos con alma.

La nobleza del pasado se basaba en la cantidad: la nobleza feudal, en el número de sus antepasados; la plutocracia, en el número de sus millones. La nobleza del futuro dependerá de la calidad: del valor personal, de la perfección personal, de la perfección del cuerpo, del alma y del intelecto.

Hoy, a las puertas de una nueva era, la nobleza aleatoria sustituye a la hereditaria; en lugar de una raza noble, individuos nobles. Humanos cuya combinación de sangre al azar los eleva a un tipo ideal.

De esta nobleza aleatoria de hoy surgirá la nueva raza noble internacional e intersocial del mañana. Todo lo que destaque en belleza, poder, energía e intelecto se reconocerá a sí mismo y se unirá según las leyes secretas de la *atracción erótica*. Cuando caigan las barreras artificiales que el feudalismo y el capitalismo han construido, entonces los hombres más importantes atraerán a las mujeres más bellas, y las mujeres más importantes atraerán a los hombres más perfectos. Cuanto más perfecto física, psicológica y mentalmente sea un hombre, mayor será el número de mujeres entre las que podrá elegir. Sólo los hombres más nobles podrán elegir a las mujeres más nobles, y viceversa: los inferiores tendrán que conformarse con las inferiores. El estilo de vida erótico para el inferior y el medio será el "amor libre", para el superior: "matrimonio libre". La raza de la futura nobleza no nacerá de las normas artificiales de las clases humanas, sino de las leyes divinas de la eugenesia erótica.

La selección natural de la perfección humana sustituirá a la selección artificial del feudalismo y el capitalismo.

El socialismo, que comenzó aboliendo la nobleza y nivelando a la humanidad, alcanzará su apogeo en la crianza de la nobleza y la diferenciación de la humanidad. Aquí, en la eugenesia social está su misión más alta, que el socialismo no realiza, todavía: conducir de la desigualdad injusta a través de la igualdad a la desigualdad igual, sobre las ruinas de toda pseudo-aristocracia a una real, nueva nobleza.

APOLOGÍA DE LA TECNOLOGÍA- 1922

Lema: La *ética es el alma de nuestra cultura; la tecnología, su cuerpo: mens sana in corpore sano.*

I. EL PARAÍSO PERDIDO

1 LA MALDICIÓN DE LA CULTURA

La cultura ha convertido a Europa en un manicomio y a la mayoría de la población en trabajadores forzados. El ser humano de la cultura moderna se gana la vida de forma más miserable que un animal salvaje. Los únicos seres vivos que son aún más lamentables son los animales domésticos, porque son aún menos libres.

La existencia de un búfalo en la selva, de un cóndor en los Andes, de un tiburón en el océano es increíblemente más bella, más libre y más feliz que la de un obrero de una fábrica europea que, día tras día, hora tras hora, encadenado a una máquina, realiza movimientos inorgánicos con las manos para no morirse de hambre.

En la prehistoria, el hombre también era un ser feliz, un animal feliz. Vivía en libertad, como parte de la naturaleza tropical que le alimentaba y calentaba. Su vida consistía en satisfacer sus impulsos. Disfrutaba de la vida hasta que encontraba una muerte natural o violenta. Era libre, vivía en la naturaleza -en lugar de en el Estado-, jugaba -en lugar de trabajar-: por eso era bello y feliz. Su valor y su alegría eran mayores que cualquier dolor que sintiera o peligro que afrontara.

A lo largo de los milenios, el hombre perdió esta existencia deliciosa y libre. El europeo, que se considera la gloria de la civilización, vive de forma antinatural, fea, sin libertad, insalubre y habita en ciudades antinaturales y feas. Con los instintos marchitos y la salud débil, respira aire viciado en habitaciones oscuras; la sociedad organizada, el Estado, le priva de toda libertad para moverse o actuar, mientras que el duro clima le obliga a trabajar toda su vida.

La libertad que una vez conoció, la ha perdido, y con ella, su suerte.

2. DESARROLLO Y LIBERTAD

Con toda la vida en la Tierra, el objetivo final es el desarrollo. Las rocas se cristalizarán, las plantas crecerán y florecerán, los seres humanos y los animales vivirán. El placer que sólo sienten los humanos y los animales no tiene otro valor que el sintomático: los animales no satisfacen su instinto porque les proporcione placer; sienten placer porque satisfacen sus instintos.

Desarrollo significa crecer según leyes internas: libertad de crecimiento. Cualquier presión y fuerza externas inhiben la libertad de desarrollo. En un mundo determinista, la libertad no tiene otro significado que la dependencia de las leyes internas, mientras que la esclavitud significa dependencia de las condiciones externas. El cristal no tiene la libertad de elegir una forma favorita; el capullo no tiene la libertad de convertirse en una flor favorita: pero la libertad reside en la capacidad de la roca para convertirse en cristal, y la del capullo para convertirse en flor. La roca no libre permanece amorfa o cristalina; el capullo no libre se marchita. En ambos casos, la fuerza exterior es más fuerte que la interior. El producto de la libertad humana es un ser humano desarrollado: un ser humano no libre es un ser humano atrofiado.

Si el hombre puede desarrollarse libremente, es bello y feliz. El hombre libre y desarrollado es la meta de todo desarrollo y la medida de todo valor humano.

El hombre ha perdido toda libertad: éste fue el pecado original. Así se convirtió en un ser infeliz e incompleto. Todos los animales salvajes son hermosos, mientras que la mayoría de los seres humanos son feos. Hay tigres, elefantes, águilas, peces o insectos más perfectos que los seres humanos, porque el hombre, al perder su libertad, se atrofió y degeneró.

La leyenda prehistórica del paraíso perdido anuncia la verdad de que el hombre está desterrado del reino de la libertad, del ocio, de la vida natural, en el que aún hoy vive la fauna de la selva, y al que sólo algunos isleños de los mares del Sur están más cerca.

Este paraíso perdido es la época en que los humanos vivían en los trópicos, como animales, porque aún no existían ciudades, estados ni trabajo.

3. SUPERPOBLACIÓN Y MIGRACIÓN AL NORTE

Dos cosas expulsaron al hombre de su paraíso: la superpoblación y la migración a climas fríos. Con la superpoblación, el hombre perdió la libertad del espacio; en todas partes se topa con sus semejantes y sus intereses, y así se convirtió en esclavo de la sociedad.

Con la migración al norte, el hombre perdió la libertad del tiempo: su ocio. La dureza del clima le obliga a trabajar contra su voluntad para ganarse la vida a duras penas. Así, se convirtió en esclavo de la naturaleza del norte.

La cultura ha destruido las tres formas de belleza que pertenecían al hombre natural: la libertad, el ocio, la naturaleza; en su lugar surgieron el Estado, el trabajo y la ciudad.

El europeo culto está exiliado del Sur, exiliado de la naturaleza.

4. SOCIEDAD Y CLIMA

Los dos tiranos del europeo culto se llaman: La sociedad y el clima.

La esclavitud social alcanza su clímax en la metrópolis moderna, porque aquí la superpoblación y el ajetreo son mayores. Allí, las personas no sólo viven unas junto a otras, sino superpuestas, amuralladas en bloques artificiales de piedra (casas), constantemente vigiladas y bajo sospecha a través de los órganos de la sociedad, teniendo que someterse a una serie de normas y reglamentos, y si no los cumplen, serán torturadas durante años (encerradas) o asesinadas (condenadas a muerte). La falta de libertad social es menos grave en el campo, y menos en zonas poco pobladas, como el oeste de Estados Unidos, Groenlandia, Mongolia o Arabia. Allí, la gente puede seguir desarrollándose en el espacio sin entrar en conflicto con la sociedad; allí, la libertad social sigue existiendo.

La falta de libertad climática es más opresiva en las naciones civilizadas del Norte. Allí, el hombre debe arrancar de la tierra sin sol su alimento para todo el año en unos pocos y cortos meses de verano, al tiempo que se protege de las heladas invernales mediante la obtención de ropa, abrigo y calor. Si se resiste a este trabajo forzado, morirá de hambre o de frío. El clima septentrional le obliga a realizar un trabajo tedioso y agotador. Se le concede más libertad en las zonas más templadas, donde el hombre sólo debe servir a un tirano: el hambre, mientras que el otro, la escarcha, es refrenado por el sol. Más libre es el hombre tropical, porque puede comer fruta y frutos secos sin tener que trabajar. Sólo allí existe la libertad frente al clima.

Europa es una franja de tierra septentrional superpoblada; por tanto, el europeo es el hombre menos libre, esclavo de la sociedad y de la naturaleza.

La sociedad y la naturaleza se suministran mutuamente sus víctimas: el hombre que huye de la ciudad al campo para abandonar el ajetreo de la sociedad, sólo para verse amenazado por el clima cruel, el hambre y las heladas. El hombre que escapa de las fuerzas de la naturaleza y se traslada a la ciudad para encontrar seguridad, se ve amenazado por una sociedad despiadada que lo explota y aplasta.

5. INTENTOS DE LIBERACIÓN DE LA HUMANIDAD

La historia del mundo se compone de intentos de liberación de los seres humanos de la prisión de la sociedad y del exilio del norte.

Las cuatro formas principales en las que la humanidad se ha atado para volver al paraíso perdido y al ocio han sido éstas:

I. El camino de vuelta (emigración): a la intimidad y al sol. Con este objetivo, los pueblos y las naciones han ido emigrando de franjas de tierra densamente pobladas a otras escasamente pobladas, y de zonas más frías a otras más cálidas. Casi todas las migraciones de las naciones, y un gran número de guerras pueden remontarse a este anhelo original de libertad de movimiento, y de sol.

II. El camino hacia la cima (el poder): del ajetreo humano al aislamiento, la libertad y el ocio de los "diez mil mejores". Esta llamada sonó cuando, debido a la superpoblación, el poder se convirtió en condición previa para la libertad, y debido a las condiciones climáticas, el poder se convirtió en condición previa para el ocio. Sólo el poderoso puede desarrollarse sin tener que ser considerado con sus semejantes; sólo el poderoso puede librarse del trabajo forzado, haciendo que otros trabajen para él. En las naciones superpobladas debe elegir entre pisotear a sus semejantes o ser pisoteado: ser señor o siervo, ladrón o mendigo. Este afán general de poder es el padre de las guerras, las revoluciones y las luchas entre los pueblos.

III. El camino hacia el interior (ética): del ajetreo exterior a la reclusión interior, del trabajo exterior a la armonía interior. Liberación del hombre mediante el autocontrol, la autocontención; el sacrificio como protección frente a la necesidad, la reducción de las normas de ocio y libertad hasta que cumplan el mínimo necesario para una sociedad superpoblada en un clima duro. Todos los movimientos religiosos se remontan a este impulso: sustituir la falta de libertad exterior y el trabajo por la calma del corazón.

IV. El camino a seguir (tecnología): ¡salir de la era del trabajo esclavo para entrar en una nueva era de libertad y ocio mediante la victoria del espíritu humano sobre las fuerzas de la naturaleza! La superación de la superpoblación mediante el aumento de la productividad y del trabajo esclavo mediante la esclavización de las fuerzas de la naturaleza. El progreso tecnológico y científico se basa en este impulso de romper la tiranía de la naturaleza.

II. ÉTICA Y TECNOLOGÍA

1. LA CUESTIÓN SOCIAL

La pregunta sobre el destino de la cultura europea es: "¿Cómo será posible proteger del hambre, la hipotermia, el homicidio y el agotamiento a la humanidad que vive en una estrecha, fría y estéril franja de tierra, y darle la libertad y el ocio que antaño le dieron felicidad y belleza?".

La respuesta es: "Mediante el desarrollo de la ética y la tecnología". La ética en las escuelas, en la prensa y en la religión puede transformar al hombre europeo de depredador en animal doméstico, y hacerlo lo suficientemente maduro para una sociedad libre. La tecnología puede dar al europeo tiempo libre y energía mediante el aumento de la productividad y el manejo de máquinas en lugar de trabajo duro, lo que es necesario para expandir la cultura.

La ética resuelve el problema social desde dentro, la tecnología desde fuera: en Europa, sólo dos clases de personas reúnen los requisitos para ser felices: los ricos, porque pueden hacer y tener lo que quieran, y los santos, porque no quieren hacer ni tener más de lo que su destino les concede. Los ricos conquistan una libertad objetiva por el poder que tienen de convertir a sus semejantes y a las fuerzas de la naturaleza en instrumento de su voluntad, y los santos conquistan una libertad subjetiva, por la indiferencia con que contemplan los bienes terrenales. Los ricos pueden desarrollarse exteriormente; los santos, interiormente.

Todos los europeos que quedan son esclavos de la naturaleza y de la sociedad: trabajadores forzados y prisioneros.

2. INSUFICIENCIA DE LA POLÍTICA

El ideal de la ética es crear una sociedad de santos en Europa; el ideal de la tecnología es crear una sociedad de europeos ricos. La ética quiere abolir la codicia, para que la gente no *se sienta* pobre; la tecnología quiere abolir las penurias, para que la gente no tenga que *ser* pobre.

La política no está en condiciones de hacer feliz o rica a la gente. Por eso sus intentos arbitrarios de responder a la cuestión social deben fracasar. Sólo al servicio de la ética o de la técnica puede la política participar en la solución de la cuestión social.

Con el estado actual de la ética y la tecnología, la política sólo podría universalizar la falta de libertad, la pobreza y el trabajo forzado. Sólo podría igualar el mal, no anularlo. Podría convertir a Europa en una penitenciaría de esclavos iguales, pero no en un paraíso. El ciudadano del Estado social ideal de hoy sería menos libre y estaría más atormentado que los isleños de los mares del Sur en su estado natural. La historia cultural sería la historia de un desastroso fraude a la humanidad.

3. ESTADO Y EMPLEO

Mientras la ética sea demasiado insignificante para proteger a los seres humanos unos de otros, y la tecnología no esté lo suficientemente desarrollada para trasladar la carga de trabajo a las fuerzas de la naturaleza, la humanidad intentará evitar los daños de la superpoblación a través del Estado, los daños del clima a través del trabajo.

El Estado protege al ser humano de la arbitrariedad de otros seres humanos: el trabajo lo protege de las fuerzas de la naturaleza.

El "Estado coercitivo" organizado concede, bajo ciertas condiciones, protección contra el asesinato y el robo a los ciudadanos que están dispuestos a renunciar a su libertad, y el trabajo forzado organizado concede protección contra el hambre y las heladas a quienes están dispuestos a renunciar a su energía y su tiempo.

Estas dos instituciones indultan a los europeos, que naturalmente estarían condenados a morir, a trabajos forzados de por vida. Para salvar su vida, deben renunciar a su libertad. Como ciudadano del Estado está encerrado en la jaula de sus derechos y obligaciones, como trabajador forzado en el duro yugo de su rendimiento. Si rechaza al Estado, se enfrenta a la horca; si rechaza el trabajo, se enfrenta a la inanición.

4. ANARQUÍA Y OCIO

Tanto el Estado como el trabajo pretenden ser *ideales que exigen la* admiración y el amor de sus víctimas. Pero no son ideales, son necesidades sociales y climáticas insoportables.

Desde que existen los estados, la humanidad sueña con la anarquía, la condición ideal libre del estado, y desde que existe el trabajo, los humanos sueñan con el ocio, la condición ideal del tiempo libre.

La anarquía y el ocio son ideales, no el Estado y el trabajo.

La anarquía no es posible en una sociedad densamente poblada que no tenga elevadas normas éticas. Su realización tendría que destruir la libertad restante y la posibilidad de supervivencia de los ciudadanos. En el pánico general de los egos en colisión, la gente se oprimiría mutuamente. La anarquía conduciría a la falta total de libertad.

El ocio universal provocaría la muerte por inanición o hipotermia de la mayoría de la población del norte. La angustia y la miseria alcanzarían su punto álgido.

La anarquía aislada existe en los desiertos de los beduinos y en los campos de nieve de los esquimales. El ocio existe en las naciones meridionales poco pobladas y fértiles.

5. SUPERACIÓN DEL ESTADO Y DEL TRABAJO

El Estado coercitivo y el trabajo forzado, protectores y tiranos de la civilización, no pueden ser superados por una revolución política, sino sólo por la ética y la tecnología. Hasta que la ética no supere al Estado coercitivo, la anarquía significará el asesinato y el robo universales; hasta que la tecnología no supere el trabajo forzoso, el ocio sólo puede significar el hambre y la hipotermia universales.

Sólo a través de la ética pueden los ciudadanos de las naciones superpobladas escapar a la tiranía de la sociedad, y a través de la tecnología los ciudadanos de los climas fríos pueden escapar a la tiranía de las fuerzas de la naturaleza.

La misión del Estado es hacerse innecesario a través de la ética, y finalmente conducir a la anarquía. La misión del trabajo es hacerse innecesario a través de la tecnología, y finalmente conducir al ocio.

La sociedad humana voluntaria no es una maldición, sólo lo es el estado forzado. El trabajo voluntario no es una maldición, sino el trabajo forzado. El ideal no es el libertinaje, sino la libertad; no es la pereza, sino el ocio.

El estado coercitivo y el trabajo forzado son cosas que deben ser superadas: pero no pueden ser superadas por la anarquía y el ocio antes de que la ética y la tecnología estén completas; para lograrlo, los humanos deben desarrollar el estado coercitivo para desarrollar la ética, y desarrollar el trabajo forzado para desarrollar la tecnología.

El camino hacia una anarquía ética pasa por un Estado forzado, y conduce al ocio técnico a través del trabajo forzado.

Las curvas de la espiral cultural que conduce del paraíso del pasado al paraíso del futuro son las siguientes:

Anarquía natural-sobrepoblación-estado coercitivo-ética-anarquía cultural.

Y ocio natural-emigración al norte-trabajo forzado-tecnología-ocio cultural.

Actualmente nos encontramos en el centro de estas curvas, igualmente lejos tanto del paraíso pasado como del futuro: esa es la razón de nuestra miseria. El europeo moderno medio ya no es un ser humano natural, pero aún no está civilizado; ya no es animal, pero aún no es humano; ya no forma parte de la naturaleza, pero aún no gobierna la naturaleza.

6. ÉTICA Y TECNOLOGÍA

La ética y la tecnología son hermanas: La ética gobierna la energía natural que llevamos dentro y la tecnología gobierna las fuerzas naturales que nos rodean. Ambas buscan conquistar la naturaleza mediante el espíritu formativo.

La ética trata de redimir a la humanidad mediante la negación heroica y la tecnología mediante la afirmación heroica (acción).

La ética dirige la voluntad de poder hacia el interior: quiere conquistar el microcosmos. La tecnología dirige la voluntad de poder hacia el exterior: quiere conquistar el macrocosmos. Ni la ética ni la tecnología pueden salvar por sí solas al hombre del norte, porque un hombre hambriento y helado no puede saciarse y calentarse mediante la ética, y una humanidad malvada y codiciosa no puede protegerse de sí misma.

¿De qué sirve la moral si la humanidad se muere de hambre y se congela? ¿De qué sirve el progreso tecnológico si los seres humanos lo utilizan para masacrarse y mutilarse unos a otros?

El Asia civilizada sufre de superpoblación más que de hipotermia. Por ello, puede renunciar a la tecnología mucho más fácilmente que Europa, donde la ética y la tecnología deben complementarse.

III. ASIA Y EUROPA

1. ASIA Y EUROPA

La grandeza de Asia reside en su ética; la de Europa, en su tecnología. Asia es maestra/maestro en el dominio de la naturaleza para el mundo. Europa es maestra en el dominio de la naturaleza. En Asia, la cuestión social se centra en la superpoblación; en Europa, en el clima.

Asia debe permitir la convivencia pacífica de la mayoría de la población: puede lograrlo educando a sus ciudadanos en la ética (desinterés y autocontrol).

Europa debe exorcizar los horrores del hambre y la hipotermia que amenazan constantemente a sus ciudadanos. Y sólo podrá conseguirlo mediante la tecnología (trabajo e invención). Hay dos valores fundamentales en la vida: la armonía y la energía, de los que dependen todos los demás valores.

La grandeza y la belleza de Asia dependen de la armonía.

La grandeza y la belleza de Europa dependen de la energía. Asia vive en la dimensión del espacio: su espíritu es tranquilo, orientado hacia el interior, sosegado; es femenino, vegetal, estático, apolíneo, clásico, idílico. Europa vive en la dimensión del tiempo: su espíritu es activo, dirigido hacia el exterior, móvil y decidido; es masculino, animal, dinámico, dionisíaco, romántico, heroico.

El símbolo de Asia es el mar que todo lo abarca, el círculo; el símbolo de Europa es el poder que mira hacia delante, la línea recta. Aquí se revela el significado más profundo de los símbolos cósmicos, el Alfa y el Omega. Nos transmite la polaridad mística y recurrente, de fuerza y forma, tiempo y espacio, hombre y cosmos, que se esconde tras las almas de Europa y Asia; la Omega mayúscula, el círculo, que abre la puerta al cosmos, es un símbolo de la armonía divina de Asia; la Alfa mayúscula, una flecha afilada que apunta hacia arriba y atraviesa el círculo, es un símbolo de la acción y la determinación de Europa que rompe la calma eterna de Asia. A y O son también en el sentido freudiano símbolos inequívocos de masculinidad y feminidad: la unión de estos símbolos significa concepción y vida, así como revela el eterno dualismo del mundo. El mismo simbolismo existe probablemente en los números 1 y 0, como el finito 1 contra el infinito 0 - "sí" contra "no".

2. CULTURA Y CLIMA

Las almas de Asia y Europa surgieron de los climas asiático y europeo. Los centros culturales de Asia se encuentran en zonas cálidas; los de Europa, en zonas frías. Esto revela sus relaciones opuestas con la naturaleza: mientras que un sureño se siente niño y amigo de la naturaleza, en el Norte se ve obligado a arrancar todo lo que necesita para vivir, en una dura batalla contra la fría tierra. Tiene dos opciones: ser el amo o el esclavo de la naturaleza, y en definitiva un adversario.

En el Sur, el enfrentamiento entre el hombre y la naturaleza era amistoso, armonioso. En el Norte, bélico y heroico.

IDEALISMO PRÁCTICO

La dinámica de Europa se explica porque es el centro cultural del mundo. Durante decenas de miles de años, el frío y la carencia plantearon a los europeos una disyuntiva: "¡Trabajar o morir!". Si uno no podía trabajar, tenía que morir de hambre o de hipotermia. Durante muchas generaciones, el invierno ha erradicado sistemáticamente a los europeos débiles, pasivos, perezosos y encerrados en sí mismos, y ha criado una raza humana dura, enérgica y heroica.

Desde la prehistoria, la raza blanca -incluso durante más tiempo los blancos de pelo rubio- ha luchado contra el invierno, que la ha hecho cada vez más pálida, pero también cada vez más dura. A este endurecimiento deben los europeos su salud y energía superiores hasta nuestros días.

El hombre blanco es hijo del invierno, de la falta de sol: Para superarlo, tuvo que emplear al máximo sus músculos y su mente para crear "nuevos soles"; tuvo que luchar contra una naturaleza eternamente hostil y vencerla.

La elección entre la acción y la muerte creó en el Norte de cada cultura su tipo más fuerte, más heroico: en Europa es el alemán, en Asia es el japonés, en América, el Aztek. El calor obliga al hombre a limitar su actividad al mínimo, el frío a aumentarla al máximo.

El hombre activo y heroico del Norte siempre ha conquistado al Sur más pasivo y armonioso; para ello, el Sur culto asimiló y civilizó a los bárbaros norteños, hasta que fue conquistado, barbarizado y regenerado por un nuevo Norte.

La mayoría de las conquistas militares de la historia las inician los estados del Norte contra los del Sur, y la mayoría de los conflictos espirituales-religiosos los inician los estados del Sur contra los del Norte.

Europa fue conquistada en una guerra religiosa por los judíos, y militarmente por los alemanes. En Asia, ganaron las religiones de la India y Arabia, mientras que está dominada políticamente por Japón.

Las naciones más activas de las zonas más cálidas (árabes, turcos, tártaros, mongoles) se originaron en desiertos o estepas. Allí, en lugar del frío, la sequía fue su disciplinador; pero aquí también, inevitablemente, se produjo la victoria del hombre heroico sobre el idílico; la victoria del activo sobre el pasivo, y del hambriento sobre el bien alimentado.

3. LAS TRES RELIGIONES

El calor de la India, que paraliza toda actividad, creó su mentalidad contemplativa; el frío de Europa, que obliga a la actividad humana, creó una mentalidad activa; el clima templado de China, que favorece una rotación armoniosa entre actividad y tranquilidad, creó una mentalidad armoniosa.

Los tres climas diferentes crearon tres tipos distintos de religiones: la contemplativa, la heroica y la armoniosa.

La religión y la ética heroicas del Norte se expresan en Edda, así como en la visión del mundo de la caballería europea y japonesa, y experimentan su resurrección en las enseñanzas de Nietzsche. Su máxima virtud y energía son la batalla y el héroe: Sigfrido. Las religiones contemplativas y la ética del Sur encuentran su perfección en el budismo.

Su máxima virtud es el autocontrol y la dulzura, su máximo ideal es la paz y el Buda.

La religión y la ética armoniosas de la Edad Media se desarrollaron en Grecia, en Occidente, y en China, en Oriente. No requería ni ascetismo de batalla, ni autocontrol. Es optimista y mundana; su ideal es el hombre noble: el sabio Confucio, el artista Apolo. El ideal griego del hombre apolíneo se sitúa en el medio, entre el héroe alemán Sigfrido y el santo indio Buda.

Todas las organizaciones religiosas son combinaciones de estos tres tipos básicos. Toda religión que se extiende debe adaptarse a estas condiciones climáticas. Los cristianos asiáticos del sur, los católicos del centro y los protestantes del norte son similares. Lo mismo ocurre con los budistas de Ceilán, China y Japón. El cristianismo ha transmitido los valores asiáticos del Sur a nuestra cultura. El Renacimiento nos ha dado los valores antiguos del centro; la caballería nos ha transmitido los valores alemanes del Norte.

4. ARMONÍA Y FUERZA

Los valores culturales de Europa son mixtos: su espíritu es predominantemente nórdico.

Los asiáticos son superiores a los europeos en amabilidad y sabiduría, pero van a la zaga de los europeos en energía e inteligencia.

El "honor" europeo es un valor heroico; la "dignidad" asiática es un valor armónico. La batalla constante endurece, la paz constante ablanda el corazón. Por eso el asiático es más suave y gentil que el europeo. Además, la sociedad india, china, japonesa y judía es mucho más antigua que la alemana, que hasta hace 2000 años vivía en la anarquía. Los asiáticos han desarrollado sus virtudes sociales mejor y durante más tiempo que los europeos.

La bondad del corazón corresponde a la sabiduría de la mente. La sabiduría se basa en la armonía; la inteligencia, en la agudeza mental.

La sabiduría es un fruto del Sur más maduro, pero rara vez existe en el Norte. Incluso los filósofos europeos rara vez son sabios, los éticos rara vez son bondadosos. La cultura antigua era más rica en sabios, cuyas personalidades estaban marcadas por la espiritualidad, mientras que están casi extinguidos en la Europa moderna (bajo el cristianismo). La razón es la relativamente joven cultura alemana, y la vehemencia del espíritu alemán. Además, los monasterios eran los únicos santuarios para la sabiduría contemplativa en la Edad Media. Los sabios se retiraban y morían allí, víctimas de sus votos de castidad.

Las representaciones europeas de Cristo son serias y tristes, mientras que las estatuas de Buda sonríen. Los pensadores europeos son profundamente serios, mientras que los sabios de Asia sonríen, porque viven en armonía consigo mismos, con su sociedad y con la naturaleza, no en la batalla; ensayan todas las reformas en sí mismos, en lugar de en los demás, y tienen un efecto en los demás a través de su ejemplo, en lugar de los libros. Más allá del pensamiento, redescubren su infancia, mientras que los pensadores europeos envejecen demasiado pronto.

Sin embargo, Europa es tan grande como Asia, pero su grandeza no reside en su bondad o su sabiduría, sino en su productividad e innovación.

Europa es el héroe del mundo; en todos los frentes de batalla de la humanidad, está a la cabeza: en la caza, la guerra y la tecnología, los europeos han logrado más que cualquier otra cultura de la historia. Casi han erradicado todos los animales peligrosos; han conquistado casi todas las naciones de piel oscura, así como, a través de la ciencia y la tecnología han logrado un dominio total sobre la naturaleza como nunca se había creído posible. La misión mundial de Asia es la salvación de la humanidad a través de la ética; la misión mundial de Europa es liberar a la humanidad a través de la tecnología.

El símbolo de Europa no es el sabio, el santo, el mártir, sino el héroe, el luchador, el vencedor, el libertador.

IV. LA MISIÓN TECNOLÓGICA MUNDIAL DE EUROPA

1. EL ESPÍRITU EUROPEO

Con la edad moderna comienza la misión cultural de Europa. La esencia de Europa es la voluntad de cambiar y mejorar el mundo mediante la acción. Europa se esfuerza conscientemente desde el presente hacia el futuro; está en constante estado de emancipación, reforma, revolución; es adicta a la renovación, escéptica, impía, y lucha con sus costumbres y tradiciones.

En la mitología judía, el espíritu europeo corresponde a Lucifer; en la griega, a Prometeo: el portador de luz que lleva la chispa divina a la tierra y que se rebela contra la armonía celeste-asiática, el orden divino del mundo; el príncipe del mundo, el padre de la batalla, de la tecnología, de la ilustración y del progreso; el líder del hombre en su lucha contra la naturaleza.

El espíritu de Europa ha roto el despotismo político y el dominio de las fuerzas de la naturaleza. El europeo no se rinde a su destino, sino que trata de dominarlo mediante sus acciones y su mente, como activista y racionalista.

2. GRECIA COMO PREEUROPA

Grecia fue la precursora de Europa; percibió por primera vez la diferencia esencial entre ella y Asia, y descubrió su alma activista-racionalista. Su Olimpo no era el paraíso de la paz, sino un lugar de batallas; su dios supremo era un rebelde impío. Grecia derrocó a reyes y dioses, y puso en su lugar el estado del ciudadano y la religión del hombre.

Este período europeo de Grecia comenzó con la caída de los tiranos y terminó con el despotismo "asiático" de Alejandro y sus sucesores; se continuó brevemente en la república de Roma y terminó definitivamente con el Imperio Romano.

Alejandro Magno, los reyes griegos y los emperadores romanos fueron los herederos de la idea asiática de los grandes reinos. El imperio romano no era diferente de los regímenes despóticos de China, Mesopotamia, India y Persia.

En la Edad Media, Europa era un suburbio cultural de Asia. Estaba gobernada por la religión asiática de Jesús. La cultura religiosa europea, el talante místico, la forma monárquica de gobierno y el dualismo de papas y emperadores, de monjes y caballeros, todo ello era asiático.

Europa entró en razón gracias a la emancipación del cristianismo que comenzó con el renacimiento y la reforma, y continuó con Nietzsche, y se separó espiritualmente de Asia.

3. LOS FUNDAMENTOS TÉCNICOS DE EUROPA

El mundo de Filipo II no alteró significativamente nuestra cultura mundial desde Hammurabi. Ni en el arte, ni en la ciencia, ni en la política, la judicatura o la administración. El mundo ha cambiado más drásticamente en los últimos 350 años que en los 3500 años anteriores.

Fue la tecnología la que despertó a Europa de su letargo de Bella Durmiente de la Edad Media. La tecnología derrotó a la caballería y al feudalismo con la invención de las armas de fuego, y al populismo y la superstición con la invención de la imprenta; gracias a la brújula y la tecnología naval se abrieron las puertas de otras partes del mundo, que fueron conquistadas con la ayuda de la pólvora.

El progreso de la ciencia moderna es inseparable de la tecnología. Sin telescopio no existiría la astronomía moderna, sin microscopio no habría bacteriología. Incluso el arte moderno está relacionado con la tecnología. La música instrumental moderna, la arquitectura moderna y el teatro moderno se basan parcialmente en la tecnología. El impacto de la fotografía en la pintura de retratos irá en aumento. Dado que la fotografía es insuperable en la reproducción de la forma facial, los pintores se verán obligados a mirar hacia dentro y captar la naturaleza abstracta y el alma del hombre. Un efecto similar al que la fotografía tiene sobre la pintura podría aplicarse también a la cinematografía y el teatro.

La estrategia moderna ha cambiado fundamentalmente bajo la influencia de la tecnología. La guerra ha pasado de ser una ciencia psicológica a una ciencia tecnológica. Los métodos de guerra actuales difieren más significativamente de los de la Edad Media que éstos del combate de los pueblos primitivos.

Toda la política actual apunta a un progreso tecnológico: la democracia, el nacionalismo y la educación nacional se basan en la invención de la imprenta. El industrialismo y el imperialismo colonial, el capitalismo y el socialismo son consecuencias del progreso tecnológico y de una economía mundial cambiante. Al igual que la agricultura creó en su día una mentalidad patriarcal y la artesanía una mentalidad individualista, el industrialismo colectivo y organizado creará una mentalidad socialista. La organización del trabajo a través de la tecnología crea una organización socialista de los trabajadores.

Por fin, el progreso de la tecnología ha cambiado al europeo. Es más apresurado y nervioso, menos asentado, más despierto, alerta, racional, activo, práctico y más inteligente.

Si eliminamos todas las consecuencias que la tecnología ha tenido en nuestra cultura, lo que queda no es en absoluto más evolucionado que la antigua cultura egipcia o babilónica; en algunos aspectos es menos evolucionado.

Europa debe su ventaja cultural a la tecnología. Sólo gracias a la tecnología Europa se ha convertido en dueña y señora del mundo.

Europa es una función de la tecnología: América es una escalada de Europa.

4. CAMBIO TECNOLÓGICO MUNDIAL

La era de la tecnología en Europa es un fenómeno de la historia mundial comparable a la invención de la calefacción en los tiempos primitivos. La invención del fuego desencadenó la historia de la cultura humana y la domesticación del animal humano. Todo el progreso mental y material posterior de la humanidad se basa en este descubrimiento del Prometeo primigenio.

La tecnología marca un punto de inflexión en la historia de la humanidad similar al del fuego. Dentro de diez mil años, la historia se dividirá en las eras pretecnológica y postecnológica. Los **europeos -que, para entonces, ya se habrán** extinguido **hace tiempo-**, como padres del cambio tecnológico mundial, serán alabados como salvadores.

Los posibles efectos de la era tecnológica en la que estamos entrando son inequívocos. La tecnología está creando los cimientos de todas las culturas que, debido al cambio de las condiciones, diferirán de cualquier cultura actual.

Todas las culturas hasta la fecha, desde el antiguo Egipto hasta la Edad Media, se han ido pareciendo progresivamente porque se basaban en determinados principios técnicos. No hubo ningún progreso tecnológico significativo desde los antiguos egipcios hasta el final de la Edad Media.

La cultura que surgirá de la era tecnológica diferirá tanto de la Edad Antigua y Media como éstas de la Edad de Piedra.

5. EUROPA COMO AGENTE CULTURAL

Europa es un ciclo cultural, una tangente cultural: las tangentes que se desarrollaron a partir del ciclo de la cultura asiática han florecido, se han marchitado y han resurgido en otro lugar.

Europa hizo saltar por los aires este ciclo y, en su lugar, introdujo una dirección de formas de vida desconocidas.

Todo existía ya en las culturas orientales de Oriente y Occidente: la cultura tecnológica europea es realmente una incógnita, algo verdaderamente nuevo.

Europa es un puente entre las complejas culturas conocidas a lo largo de la historia y las formas culturales del futuro.

Una época comparable a la europea en significado y dinámica, pero cuyas huellas se han perdido, debió de preceder a la antigua cultura babilónica, a la china y a la egipcia. Esta Pre-Europa creó los cimientos de todas las culturas de los últimos milenios; al igual que la Europa moderna, fue una tangente cultural que se separó del ciclo de las antiguas preculturas.

La secuencia de la gran historia mundial se compone de ciclos asiáticos y tangentes culturales europeos. Sin estas tangentes (que sólo son europeas en un sentido espiritual, no geográfico) sólo habría expansión, no desarrollo. Tras un largo periodo de madurez, una nación ingeniosa emerge de la oscuridad, revienta el curso natural de la cultura y eleva a la humanidad a un nivel superior.

Los inventos, no la poesía ni la religión, marcan estos estados de evolución cultural: la invención del bronce, del hierro, de la electricidad. Estos inventos construyen el legado eterno de una época para todas las culturas futuras. Nada quedará de los antiguos, mientras la era moderna enriquece la cultura con la conquista de la electricidad y otras fuerzas naturales: estos inventos sobrevivirán a Fausto, la Divina Comedia y la Ilíada.

Con la Edad Media terminó el ciclo cultural del hierro; con la Edad Moderna comienza el ciclo cultural de la máquina; no una nueva cultura, sino una nueva era.

La creadora de esta era tecnológica es la ingeniosa nación prometeica de europeos "germanizados". La cultura moderna se basa tanto en su espíritu innovador como en la ética de los judíos, el arte de los griegos y la política de los romanos.

6. LEONARDO Y BACON

Al comienzo de la era de la tecnología, dos grandes europeos han intuido el sentido de Europa: Leonardo da Vinci y Bacon von Verulam. Leonardo se dedicó a la tecnología con tanta pasión como al arte. Su problema favorito era el vuelo humano, de cuya solución ha sido testigo nuestra era.

Se dice que hay yoguis en la India que pueden, mediante la ética y el ascetismo, romper las leyes de la gravedad y flotar en el aire. En Europa, el espíritu inventivo de los ingenieros y su materialización: el avión conquistaron las leyes de la gravedad gracias a la tecnología. La levitación y la aviación representan simbólicamente las formas asiática y europea del poder y la libertad humanos.

Bacon fue el creador de la audaz novela utópica "Nueva Atlántida". Su carácter tecnológico la distingue de todas las utopías anteriores, desde Platón hasta Thomas Morus. El cambio del pensamiento de la edad media/asiático al moderno/europeo se encuentra en el contraste entre la "Utopía" ética/política de Morus y la "Nueva Atlántida" de Bacon. Morus sigue considerando las reformas éticosociales como la palanca de la mejora del mundo, Bacon los inventos tecnológicos.

Morus seguía siendo cristiano: Bacon era europeo.

V. TRABAJO DE CAZA

1. PODER Y LIBERTAD

El hombre contemplativo vive en paz con su entorno, el hombre activo en un constante estado de guerra. Para su autoconservación, realización y desarrollo, debe luchar constantemente contra potencias extranjeras, destruir y esclavizar.

La lucha por la supervivencia es una lucha por la libertad y el poder. La victoria significa: imponer su voluntad. Sólo el vencedor es libre, poderoso. No hay línea divisoria entre libertad y poder: el pleno disfrute de la propia libertad perjudica los intereses ajenos. El poder es la única garantía de una libertad sin trabas.

La lucha de la humanidad por la libertad coincide con la lucha por el poder. En su trayectoria, la humanidad ha conquistado el globo: el reino animal mediante la caza y la cría, el reino vegetal mediante la agricultura, el reino mineral mediante la minería, las fuerzas naturales mediante la tecnología. De animal anodino y débil, el hombre se alzó como señor del mundo.

2. CAZA

La primera fase de la lucha humana fue la era de la caza.

Tras cientos de miles de años de batallas, el hombre ha conseguido dominar el mundo animal. Esta lucha victoriosa del hombre relativamente débil contra todas las especies animales grandes y salvajes extinguidas y aún existentes es una grandeza comparable a la conquista del mundo antiguo por un pequeño pueblo, Roma.

El hombre ganó contra todos los cuernos y dientes, zarpas y garras de su rival mejor equipado sólo con el arma de su mente superior, que afiló continuamente en la lucha.

Los objetivos de la guerra humana contra sus enemigos animales eran defensivos y ofensivos: protección y esclavitud.

Al principio, el hombre se contentaba con hacer inofensivos a sus enemigos mediante la defensa y el exterminio; más tarde, empezó a domesticarlos y a utilizarlos. Convirtió lobos en perros, búfalos en ganado, elefantes salvajes, camellos, asnos, caballos, llamas, cabras, ovejas y gatos en domésticos. Sometió a una multitud de antiguos rivales hasta convertirlos en un ejército de animales esclavos, un arsenal de máquinas vivientes, para que trabajaran y lucharan para él, y para aumentar su libertad y su poder.

3. GUERRA

Para mantener el poder que había ganado, y para aumentarlo, el hombre pasó a luchar contra sus semejantes con los mismos métodos con los que luchaba contra el reino animal. La era de la caza se convirtió en la era de la guerra. El hombre luchaba con el hombre por el reparto de la tierra conquistada. El más fuerte rechazaba al más débil y lo mataba o lo esclavizaba: la guerra era una forma especial de caza, la esclavitud una forma especial de cría de animales. En la lucha por la libertad y el poder, el más fuerte, audaz y sabio se imponía al más débil, cobarde y tonto. La guerra también agudizaba la mente y la mano de obra humanas.

4. TRABAJO

A la larga, la caza y la guerra no podían alimentar a la humanidad. Cambiando de nuevo, el hombre fue a la guerra contra la naturaleza inanimada. Comenzó la era del trabajo. Las guerras y la caza seguían aportando fama y gloria, pero el énfasis de la vida se desplazó hacia el trabajo, porque le proporcionaba el alimento que necesitaba para su conservación.

El trabajo era una forma especial de guerra, la tecnología una forma especial de esclavitud: en lugar de seres humanos, se dominaba y esclavizaba a las fuerzas naturales.

Mediante el trabajo, el hombre luchó contra el hambre: sometió la tierra y las cosechas y recogió el beneficio. Mediante el trabajo, el hombre luchaba contra el invierno. Construía casas, tejía telas, talaba madera. Mediante el trabajo se protegía de las fuerzas de la naturaleza.

5. LA GUERRA COMO ANACRONISMO

La forma en que la caza, la guerra y el trabajo se fusionaron entre sí hace imposible separarlos cronológicamente. Durante miles de años, la era de la caza corrió paralela a la era de la guerra, como hoy la era de la guerra corre paralela a la era del trabajo; pero el centro de gravedad de la guerra cambió y cambia continuamente. Si en un principio la caza ocupaba el centro de la actividad humana, la guerra ocupó su lugar y, finalmente, el trabajo.

La guerra, que antaño era necesaria para el avance de la cultura, perdió su sentido y se ha convertido en un peligroso destructor de la cultura. Hoy son los inventos los que marcan el progreso, no las guerras.

Hoy, las batallas decisivas de la humanidad por la libertad se libran en el trabajo.

Con el tiempo, cuando la guerra mundial sólo fascine a los historiadores, nuestro cambio de siglo será famoso por el nacimiento de la aviación.

En la era de la guerra, la caza actuaba como un anacronismo, por lo que en la era del trabajo, la guerra actúa como un anacronismo. Pero en esta era, toda guerra es una guerra civil porque se dirige contra los compañeros de lucha y contra todo el ejército de trabajadores.

En la era del trabajo, la glorificación de la guerra es tan inoportuna como la glorificación de la caza en la era de la guerra. Originalmente, el cazador de dragones y leones era el héroe; luego lo fue el comandante; finalmente, lo es el inventor. Lavoisier ha contribuido más al desarrollo humano que Robespierre y Bonaparte juntos.

Como el cazador gobernó la era de la caza, el guerrero en la era de la guerra, el trabajador gobernará en la era del trabajo.

6. TECNOLOGÍA

La era del trabajo se divide en agricultura y tecnología.

Como agricultor, el hombre es defensivo frente a la naturaleza, como técnico es ofensivo.

Los métodos de trabajo corresponden a los de la guerra y la caza: defensa y esclavitud. La era de la agricultura se limita a evitar el hambre y el frío, mientras que la tecnología va más allá, para esclavizar a fuerzas naturales antaño dañinas. El hombre domina el vapor y la electricidad, y a un ejército esclavo de máquinas. Con ellas no sólo se defiende del hambre y el frío, de los desastres naturales y las enfermedades, sino que incluso intenta hacer frente a las barreras del tiempo, el espacio y la gravedad. Su batalla por liberarse de las fuerzas de la naturaleza se cruza con una lucha por el poder sobre dichas fuerzas.

La tecnología es la aplicación práctica de la ciencia para el dominio de la naturaleza. La química, como la ingeniería atómica y la medicina, es en cierto sentido tecnología orgánica.

La tecnología intelectualiza el trabajo; disminuye la carga de trabajo y aumenta los beneficios.

La tecnología se basa en una actitud heroica y activista hacia la naturaleza; no obedece a la voluntad de la naturaleza, sino que la domina. La voluntad de poder es la fuerza motriz del progreso. El técnico ve en las fuerzas de la naturaleza un tirano al que hay que derrocar, un enemigo al que hay que vencer. La tecnología es hija del espíritu europeo.

VI. CAMPAÑA TECNOLÓGICA

1. LA MISERIA MASIVA DE EUROPA

Con el aumento de la población, la situación es cada vez más desesperada para el europeo. A pesar de todos los avances tecnológicos anteriores, sigue estando en un estado miserable. Ha alejado los fantasmas del hambre y la hipotermia, al precio de su libertad y su ocio.

Para el europeo, el fructífero trabajo forzado comienza a los siete años con la escolarización forzada y termina, normalmente, con la muerte. Su infancia está envenenada por su preparación para una vida de lucha, que en las décadas siguientes devora su tiempo, su personalidad, su vitalidad y sus ganas de vivir. El ocio se castiga con la pena de muerte. El ciudadano europeo medio, sin recursos, tiene dos opciones: trabajar hasta la extenuación o morir de hambre, junto con sus hijos. El látigo del hambre le empuja a seguir trabajando, a pesar del agotamiento, el asco y la amargura.

Las naciones europeas han hecho dos intentos políticos para mejorar este miserable estado: la política colonial y el socialismo.

2. POLÍTICA COLONIAL

La primera forma de política colonial consiste en la conquista y el asentamiento en zonas poco pobladas de naciones que sufren superpoblación. En realidad, la emigración puede salvar a las naciones de la superpoblación y garantizar una existencia digna a las personas que consideran insoportable el ajetreo europeo. La emigración sigue ofreciendo a millones de personas una vía de escape del infierno europeo, y por ello debe fomentarse en todos los sentidos.

La segunda forma de política colonial consiste en la explotación de las zonas más cálidas y de los pueblos de color. Los pueblos de razas meridionales son despertados de su dorado ocio con cañones y fusiles europeos, y obligados a trabajar al servicio de Europa. El Norte, más pobre pero más fuerte, saquea sistemáticamente el Sur, más rico pero más débil; le roba la riqueza, la libertad y el ocio, y los utiliza para su propia riqueza, libertad y ocio.

Varias naciones europeas tienen que agradecer a este robo y a la esclavitud su prosperidad, que les permite mejorar la vida de sus propios trabajadores.

A la larga fracasará: porque el resultado inevitable será una enorme revuelta de los esclavos, y los europeos serán expulsados de las colonias de color y la base cultural tropical de Europa será derrocada.

Incluso la emigración es sólo una solución provisional. Algunas colonias están ahora casi tan superpobladas como sus países de origen, acercándose a una miseria similar. Tiene que llegar el momento en que ya no queden zonas desiertas en la Tierra.

Para entonces, habrá que encontrar nuevas formas de contrarrestar la fatalidad europea.

3. POLÍTICA SOCIAL

El segundo esfuerzo para aliviar la miseria de las masas europeas es el socialismo.

El socialismo exorcizará el infierno europeo mediante una distribución equitativa de la carga de trabajo y de los ingresos. No cabe duda de que la suerte de las masas podría mejorar mucho mediante reformas sensatas. Pero si el progreso social no se apoya en un auge de la tecnología, la miseria sólo podrá aliviarse, no eliminarse.

La carga de trabajo necesaria para alimentar y dar calor a demasiados europeos es enorme; las ganancias de una Europa tosca y poco fértil son relativamente pequeñas; incluso un reparto equitativo daría como resultado demasiado trabajo y demasiado poco salario para cada europeo. Con el nivel tecnológico actual, la vida en una Europa socialista se disolvería en una doble actividad: trabajar para comer y comer para trabajar. El ideal de igualdad se haría realidad, pero Europa estaría más alejada que nunca de la libertad, el ocio y la cultura. Para liberar a la humanidad, Europa es demasiado bárbara, y demasiado pobre. La fortuna de los pocos ricos, si se repartiera equitativamente a todos, desaparecería; la pobreza no se eliminaría, sino que se generalizaría.

El socialismo por sí solo no es capaz de sacar a Europa de la miseria y la esclavitud hacia la libertad y la prosperidad. Ni las papeletas, ni las acciones pueden compensar a un minero del carbón por una vida pasada en minas y pozos. La mayoría de los esclavos de los déspotas asiáticos son más libres que el trabajador "libre" del trabajo socializado.

El socialismo juzga mal el "problema europeo" cuando considera que el problema de la economía europea es la distribución injusta y no la producción insuficiente. Las raíces de la miseria europea se encuentran en la necesidad de trabajo forzoso, no en la distribución injusta. El socialismo considera erróneamente que el capitalismo es la causa fundamental del fructífero trabajo forzoso que padece Europa; en realidad, sólo un pequeño porcentaje de la producción laboral va a parar a los capitalistas y a sus lujos; la mayor parte del trabajo sirve para convertir en fértil una zona estéril del mundo, y en cálido un lugar frío, para sostener el número de seres humanos que naturalmente perecerían todos.

El invierno y la superpoblación en Europa son déspotas más duros y crueles que todos los capitalistas. Sin embargo, los políticos no lideran la revolución europea contra estos tiranos despiadados, sino los inventores.

4. REVOLUCIÓN TECNOLÓGICA MUNDIAL

El imperialismo colonial, al igual que el socialismo, son analgésicos, no curas, para la enfermedad europea; pueden aliviar el dolor, pero no curar la enfermedad; aplazar la catástrofe, pero no evitarla. Europa tendrá que decidir si diezma su población y se suicida, o si se recupera aumentando enormemente la producción y perfeccionando la tecnología.

Europa debe comprender que el progreso tecnológico es una guerra de liberación contra el tirano más duro, cruel y poco caritativo: La naturaleza nórdica.

Del resultado de esta revolución depende que la humanidad aproveche esta oportunidad única para convertirse en dueña de la naturaleza, o que sea una oportunidad desperdiciada, quizá para siempre.

Hace cien años, Europa abrió la ofensiva contra la naturaleza superior, contra la que, hasta entonces, sólo se había defendido. Europa ya no se conformaba con estar a merced de las fuerzas naturales, sino que empezó a esclavizar a sus enemigos.

La tecnología ha empezado a complementar al ejército de animales esclavos y a sustituir al ejército de trabajadores esclavos mediante máquinas que funcionan con fuerzas naturales.

5. EL EJÉRCITO DE LA TECNOLOGÍA

Europa (al igual que Estados Unidos) ha movilizado al mundo para la guerra más grande y trascendental.

Los soldados de primera línea del ejército mundial de trabajadores que luchan contra la voluntad de las fuerzas naturales son los obreros industriales; sus oficiales son ingenieros, empresarios y gestores; los inventores son el Estado Mayor; las máquinas son la Artillería; las minas son sus trincheras; las fábricas son los fuertes.

Con este ejército, y las reservas que extrae de todas las partes del mundo, el hombre blanco espera romper la tiranía de la madre naturaleza, y someter sus fuerzas al espíritu humano, y finalmente liberar al hombre.

6. LA GUERRA ELÉCTRICA

El ejército de la tecnología ha obtenido su primera victoria decisiva sobre uno de los antagonistas más antiguos de la humanidad: el rayo.

Desde tiempos inmemoriales, la chispa eléctrica en forma de rayo ha amenazado, herido y matado al hombre; ha quemado sus casas y matado su ganado. Durante miles de años el hombre estuvo expuesto a este enemigo traicionero que nunca le ayudó en nada, hasta que Benjamín Franklin rompió su regla de terror inventando el pararrayos. La chispa eléctrica, azote de la humanidad, quedó así ahuyentada. Pero el *hombre blanco* no se conformó con esta victoria defensiva, sino que pasó a la ofensiva y, en un siglo, consiguió convertir a este enemigo en un esclavo, transformando a este peligrosísimo depredador en una útil mascota.

Hoy en día, la chispa eléctrica que una vez horrorizó a nuestros antepasados ilumina nuestras habitaciones, cocina nuestro té, plancha nuestra colada, hace sonar nuestros timbres, transporta nuestras cartas (telegramas), tira de trenes y vagones, conduce máquinas... en una palabra, se ha convertido en nuestro mensajero, cartero, criado, cocinero, calefactor, alumbrado, trabajador, transportista e incluso en nuestro verdugo. Lo que la chispa eléctrica hace hoy en Europa y América al servicio de la humanidad no sería posible ni aunque se duplicaran las horas de trabajo humano.

Del mismo modo que esta fuerza natural antes hostil no sólo fue vencida, sino que se transformó en el indispensable y utilísimo servidor del hombre, así también las crecidas del mar, el calor del sol, las tormentas y las inundaciones se convertirán un día en esclavos de los hombres. Los venenos se convertirán en remedios, los virus mortales en vacunas. Al igual que el hombre domaba y subyugaba a los animales salvajes en los tiempos primitivos, el hombre moderno está domando y subyugando a las fuerzas salvajes de la naturaleza.

Mediante esa victoria, el hombre nórdico conquistará un día la libertad, el ocio y la cultura. No a través de la despoblación o la renuncia, no a través de la guerra y la revolución, sino a través de la invención y el trabajo, a través del espíritu y la acción.

7. EL INVENTOR COMO REDENTOR

En nuestra época europea, el inventor es mayor benefactor de la humanidad que el santo.

El inventor del automóvil ha hecho más por los caballos y les ha ahorrado más sufrimiento que cualquier asociación protectora de animales del mundo. El automóvil está a punto de salvar a miles de conductores de rickshaw de Asia Oriental de una vida como animales de tiro.

Los inventores de la difteria y sus antitoxinas han salvado la vida de más niños que todos los hospitales de bebés.

Los galeotes deben su liberación a la moderna tecnología naval, mientras que con la introducción de la calefacción por petróleo la tecnología moderna empieza a liberar a los fogoneros de su infernal profesión.

El inventor que, mediante la destrucción atómica, encuentre un sustituto práctico para el carbón habrá hecho más por la humanidad que el reformador de más éxito, porque rescatará a millones de trabajadores del carbón de su existencia inhumana y acabará con una gran parte de la carga de trabajo humana, mientras que hoy ningún dictador comunista podría evitar condenar a la gente a esa vida bajo tierra.

El químico que logre hacer comestible la madera, liberará a los pueblos del yugo del hambre, que los ha reprimido durante más tiempo y más cruelmente que cualquier dominación humana.

Ni la ética, ni el arte, ni la religión, ni la política acabarán con la maldición bíblica, sino la tecnología. Se espera que la tecnología-medicina orgánica destierre la maldición de la mujer: "Con parto doloroso darás a luz hijos". Se espera que la tecnología inorgánica destierre la maldición del hombre: "Con el sudor de tu frente comerás el pan".

En muchos aspectos, nuestra época se parece a los comienzos del imperio romano. En aquella época, el mundo esperaba la salvación a través de la *Pax Romana* del imperio. El cambio esperado llegó, pero desde una dirección completamente diferente. No desde fuera, sino desde dentro. No por la política, sino por la religión. No por César Augusto, sino por Jesucristo.

También nosotros nos enfrentamos a un giro mundial. La humanidad espera hoy que la era socialista sea el amanecer de la era dorada. El esperado cambio mundial llegará, tal vez, pero no a través de la política, sino de la tecnología. No por un revolucionario, sino por un inventor. No a través de Lenin, sino de un hombre que tal vez viva hoy sin nombre en algún lugar y que algún día conseguirá liberar a la humanidad del hambre, las heladas y los trabajos forzados abriendo nuevas fuentes de energía inimaginables.

VII. OBJETIVO FINAL DE LA TECNOLOGÍA

1. CULTURA Y ESCLAVITUD

Todas las culturas anteriores se basaban en la esclavitud: la antigua en los esclavos, la medieval en los siervos, la moderna en la clase obrera. La importancia de los esclavos se basa en que crean libertad y ocio (condiciones previas para cualquier cultura) para sus señores a través de su propia falta de libertad y trabajo excesivo. Porque no es posible que las mismas personas realicen el monstruoso trabajo físico necesario para la alimentación, el vestido y la vivienda de una generación, y al mismo tiempo realicen el trabajo mental necesario para la creación y el mantenimiento de una cultura.

En todas partes existe una división del trabajo: para que el cerebro pueda pensar, el estómago debe digerir; sin enraizar sus raíces en la tierra, ninguna planta puede florecer. Los portadores de toda cultura son personas desarrolladas. El desarrollo es imposible sin la atmósfera de libertad y ocio; incluso las rocas sólo pueden cristalizar en estado líquido, libres. Donde está encerrada, sin libertad, debe permanecer amorfa.

La libertad y el ocio de unos pocos, constructores de cultura, sólo podían crearse mediante la esclavitud y el trabajo excesivo de la mayoría. En las regiones septentrionales y superpobladas del mundo, la existencia divina de miles de personas se construyó siempre y en todas partes sobre la base de cien mil personas que vivían como animales.

La edad moderna, con sus ideas cristianas y sociales, se encontraba ante dos opciones: renunciar a la cultura o mantener la esclavitud. Las consideraciones estéticas se oponían a la primera opción; las consideraciones éticas, a la segunda. A la primera se oponía el gusto; a la segunda, la emoción.

Europa occidental optó por la segunda opción. Para preservar el resto de su cultura burguesa, la esclavitud permaneció, pero disfrazada de trabajo industrial, mientras que Rusia se prepara para hacer la primera elección, liberando la fuerza de trabajo, pero sacrificando toda su cultura por esta liberación de los esclavos.

Ambas soluciones son insoportables. El espíritu humano debe buscar una salida a este dilema; la encuentra en la tecnología. Sólo la tecnología puede acabar con la esclavitud y salvar la cultura.

2. LA MÁQUINA

El objetivo último de la tecnología es la sustitución del trabajo esclavo por el trabajo mecánico: elevar a toda la humanidad a una clase de hombres, a cuyo servicio trabaja un ejército de fuerzas naturales en forma de máquinas.

Estamos en el camino hacia este objetivo. En el pasado, casi todas las energías técnicas tenían que ser generadas por músculos humanos o animales. Hoy en día, se sustituyen con frecuencia por el vapor, la electricidad y la motorización. Cada vez más, el ser humano asume el papel de gestor de energía, en lugar de generador. Ayer mismo, el trabajador tiraba de la cultura hacia adelante en un rickshaw.

Mañana será su chófer quien observe, piense y dirija en lugar de correr y sudar.

La máquina es la liberación de las personas de la era del trabajo esclavo. A través de las máquinas, una mente puede hacer más trabajo y crear más valor que millones de manos. La máquina es el espíritu humano materializado. La creación agradecida del hombre, engendrada por el espíritu del inventor, nacida de la fuerza física de los trabajadores.

La máquina tiene una doble misión: aumentar la producción y reducir la mano de obra.

Al aumentar la producción, la máquina satisfará las necesidades, al reducir la mano de obra, acabará con la esclavitud.

Hoy en día, el trabajador sólo puede ser humano en una mínima parte, porque debe ser en gran parte máquina. En el futuro, la máquina realizará el trabajo mecánico y dejará lo humano, lo orgánico, a los humanos. Así es como la máquina abre la perspectiva de elevar el trabajo humano a un plano intelectual e individual: el componente libre y creativo crecerá sobre el automático-mecánico, lo espiritual frente a lo material. Sólo entonces el trabajo dejará de despersonalizar, mecanizar y degradar a las personas; entonces el trabajo se asemejará al juego, al deporte y a la actividad libre y creativa. No será, como hoy, captor que oprime todo lo humano, sino una herramienta contra el aburrimiento, una distracción y un ejercicio físico o mental para el desarrollo de todas sus capacidades. Este trabajo, que el hombre realizará como cerebro de su máquina y que se basa en la dominación, estimulará en lugar de embotar, elevará en lugar de deprimir.

3. DESMANTELAMIENTO DE LA GRAN CIUDAD

Además de estas dos tareas, aliviar la necesidad aumentando la productividad y desmantelar la esclavitud reduciendo e individualizando el trabajo, la máquina tiene una tercera misión, cultural: la disolución de la metrópoli moderna y el retorno del hombre a la naturaleza.

Los orígenes de la metrópoli moderna se remontan a una época en la que el caballo era el medio de transporte más rápido y no existía el teléfono. En aquella época, era necesario que la gente viviera muy cerca de su lugar de trabajo y, como consecuencia, vivía hacinada.

La tecnología ha cambiado estas condiciones: el tren rápido, el coche, la bicicleta y el teléfono permiten hoy al trabajador vivir a muchos kilómetros de su oficina. Ya no es necesario construir y acumular barracones de alquiler. En el futuro, las personas tendrán la oportunidad de vivir unas junto a otras, en lugar de unas encima de otras, respirando aire sano en jardines y llevando una vida saludable, limpia y decente en habitaciones luminosas y espaciosas. Los hornos eléctricos y de gas protegerán del frío invernal, las lámparas eléctricas de las largas noches de invierno. El espíritu humano triunfará sobre el invierno y hará que la zona septentrional sea tan confortable como la templada.

El desarrollo hacia la ciudad jardín ya ha comenzado. Los ricos abandonan el centro de las grandes ciudades y se instalan en su periferia o en sus alrededores. Las nuevas ciudades industriales se expanden horizontalmente en lugar de verticalmente. A un nivel superior, las ciudades del futuro se parecerán en algo a las de la Edad Media. Al igual que las casas cívicas bajas se agrupaban en torno a una enorme catedral, así será un enorme rascacielos (que incluirá todas las oficinas públicas y privadas y el comedor) rodeado de las casas bajas y los amplios jardines de la ciudad jardín. En las ciudades industrializadas, la fábrica será la catedral central del trabajo: la devoción de la gente en estas catedrales del futuro será el trabajo para la comunidad.

Quienes no estén vinculados profesionalmente a la ciudad vivirán en el campo y participarán de las comodidades, actividades y diversiones de las ciudades a través de servicios de larga distancia y conexiones inalámbricas.

Llegará un momento en que la gente no entenderá cómo era posible vivir en los laberintos de piedra que hoy conocemos como grandes ciudades modernas. Entonces se admirarán las ruinas, como hoy las cuevas de los cavernícolas. Los médicos se rascarán la cabeza preguntándose cómo era posible, desde el punto de vista de la higiene, que la gente pudiera vivir y prosperar en semejante entorno, aislada de la naturaleza, la libertad, la luz y el aire, en semejante atmósfera de hollín, humo, polvo y suciedad.

La próxima reducción del tamaño de la gran ciudad como consecuencia del auge de la ingeniería de tráfico es una condición previa necesaria para la verdadera cultura. Porque en la atmósfera antinatural e insalubre de la gran ciudad actual, las personas son sistemáticamente envenenadas y lisiadas: cuerpo, alma y espíritu. La cultura urbana es una planta palustre porque la llevan personas degeneradas, mórbidas y decadentes que han caído voluntaria o involuntariamente en esta vida sin salida.

4. EL PARAÍSO CULTURAL DEL MILLONARIO

La tecnología es capaz de ofrecer al ser humano moderno más felicidad y posibilidades que las que los años pasados ofrecieron a sus príncipes y reyes.

Por supuesto, al principio del periodo del mundo tecnológico, el número de personas a las que llegan los inventos de la era moderna es aún reducido.

Un millonario moderno puede rodearse del lujo, el confort y la belleza que ofrece el mundo. Puede disfrutar de todos los frutos de la naturaleza y la cultura, y puede vivir sin trabajar donde y como quiera. Por teléfono o en coche, puede elegir estar o no conectado con el mundo; puede vivir como un ermitaño en la gran ciudad o en sociedad en su finca del campo; no tiene que sufrir ni por el clima ni por la superpoblación; el hambre y las heladas le son ajenas; a través de su avión es dueño del cielo, a través de su yate señor de los mares. En muchos aspectos es más libre y poderoso que Napoleón y César. Ellos sólo podían controlar a los humanos, pero no podían volar sobre los océanos ni comunicarse a través de los continentes. Él, en cambio, es el señor de la naturaleza. Las fuerzas de la naturaleza le sirven como poderosos sirvientes y espíritus invisibles. Con su ayuda, puede volar más rápido y más alto que un pájaro, conducir más rápido sobre la tierra que una gacela y vivir bajo el agua como un pez. Gracias a estas habilidades y poderes es aún más libre que el nativo de los Mares del Sur y ha superado el curso bíblico. En el camino a través de la cultura ha regresado a un paraíso más perfecto.

La base para una vida tan plena ha sido creada por la tecnología. Para unos pocos elegidos, la tecnología ha convertido los bosques y pantanos en un paraíso cultural. En estos afortunados niños, el hombre puede ver la promesa del destino para sus nietos. Son la vanguardia de la humanidad en su camino hacia el jardín del Edén del futuro. Lo que hoy es excepcional, puede, con más progreso técnico, convertirse en la regla. La tecnología ha reventado las puertas del paraíso; hasta ahora sólo unos pocos han atravesado la estrecha entrada, pero el camino está abierto y, mediante la diligencia y el espíritu, toda la humanidad puede seguir a estos afortunados niños. El hombre no tiene por qué desesperar; nunca ha estado tan cerca de su meta como hoy.

Hace sólo unos siglos, poseer una ventana de cristal, un espejo, un reloj, jabón o azúcar era un gran lujo: la tecnología ha extendido a las masas estos productos básicos antaño escasos. Del mismo modo que hoy todo el mundo lleva un reloj y posee un espejo, quizá dentro de un siglo más o menos cada persona pueda tener un coche, su propia villa y su propio teléfono. La prosperidad tiene que aumentar tanto más rápidamente y hacerse más común cuanto más rápido aumenten las cifras de producción en relación con las de población. El objetivo cultural de la tecnología es ofrecer a todas las personas las oportunidades en la vida que hoy están al alcance de los millonarios. Por eso la tecnología lucha contra la necesidad, no contra la riqueza. Contra la esclavitud, no contra la dominación. El objetivo es la riqueza, el poder, el ocio, la belleza y la felicidad para todos. No la proletarización, sino la aristocratización de la humanidad.

VIII. ESPÍRITU DE LA ERA TECNOLÓGICA

1. PACIFISMO HEROICO

El paraíso del futuro no se conquistará con golpes de Estado. Sólo se conquistará trabajando. El espíritu de la era tecnológica es heroico-pacifista: heroico, porque la tecnología es la guerra con un arma cambiada, pacifista, porque la batalla no se dirige contra las personas sino contra la naturaleza.

El heroísmo tecnológico es incruento: el héroe trabaja, piensa, actúa y se atreve, no buscando quitar la vida a su semejante, sino liberarlo de la esclavitud del hambre, el frío, la angustia y los trabajos forzados.

El héroe de la era tecnológica es un héroe pacífico del trabajo y el intelecto.

El trabajo de la era tecnológica es el ascetismo: autocontrol y autosacrificio. En su forma y extensión actuales, no es un placer, sino un duro sacrificio que ofrecemos a nuestros semejantes y a nuestros descendientes.

Ascetismo significa ejercicio: es la expresión griega de lo que en español es "entrenamiento"; mediante esta traducción, la palabra "ascetismo" pierde su carácter pesimista y se convierte en optimista-heroica.

El ascetismo optimista y vital de la era tecnológica está preparando el reino de Dios en la tierra: despejando la tierra para el paraíso; para ello, mueve montañas, ríos y lagos, envuelve el globo en cables y raíles, crea plantaciones a partir de los bosques y tierras de cultivo a partir de las estepas. Como un ser sobrenatural, el hombre está cambiando la superficie de la tierra según sus necesidades.

2. EL ESPÍRITU DE LA PEREZA

En la era del trabajo y la tecnología, no hay mayor vicio que la pereza, como en la era de la guerra, no hay mayor vicio que la cobardía.

La superación de la inercia es la principal tarea del heroísmo tecnológico.

Donde la vida se manifiesta como energía, la inercia es el signo de la muerte. La lucha de la vida contra la muerte es una lucha de la energía contra la inercia. La victoria de la muerte sobre la vida es una victoria de la inercia sobre la energía. Los mensajeros de la muerte son la vejez y la enfermedad. En ellas, la inercia vence a la fuerza vital: los miembros y los movimientos se vuelven flácidos. La vitalidad, el coraje y la alegría de vivir se hunden; todo se inclina hacia el suelo, se cansa y se aletarga, hasta que el hombre, que ya no puede avanzar ni levantarse, se hunde en la tumba como víctima del letargo; allí la inercia triunfa sobre la vida.

Todas las flores jóvenes crecen, contra la gravedad, hacia el sol: todos los frutos maduros caen, abrumados por la gravedad, a la tierra.

El símbolo de la victoria de la tecnología sobre la gravedad, de la voluntad y el espíritu humanos sobre la inercia de la materia es el hombre volador. Pocas cosas hay tan sublimes y bellas como él. Poesía y verdad, romanticismo y tecnología, las mitologías de Dédalo y Wieland se unen aquí a las visiones de Leonardo y Goethe. Gracias a la acción de los científicos, los sueños más salvajes de la poesía se hacen realidad: con las alas desplegadas por su mente y su voluntad, el hombre se eleva por encima del espacio, el tiempo y la gravedad, sobre la tierra y el mar.

3. BELLEZA Y TECNOLOGÍA

Cualquiera que aún dude de la belleza de la tecnología enmudece ante el hombre volador. Pero no sólo el avión nos proporciona una nueva belleza: el automóvil, la lancha motora, la locomotora rápida, el generador tienen su propia belleza específica de acción y movimiento. Pero como esta belleza es dinámica, no puede, como la belleza estática del paisaje, sujetarse con pincel, estilete y cincel: por tanto, no existe para las personas que no tienen un sentido original de la belleza, que el arte utiliza como guía en el laberinto del jardín de la belleza.

Una cosa es bella por el ideal de armonía y vitalidad que nos transmite y los impulsos que tenemos en su dirección. Cada cultura crea sus propios símbolos de poder y belleza: el griego acrecentaba su propia armonía en las estatuas y templos; el romano aumentaba su fuerza en las luchas circenses de depredadores y gladiadores; el cristiano medieval profundizaba y transfiguraba su alma mediante el amor a los sacrificios y sacramentos; el ciudadano moderno crecía con los héroes de sus teatros y novelas; el japonés aprendía sobre la gracia y el destino gracias a sus flores.

En una época de progreso inquieto, el ideal de belleza tenía que volverse dinámico, y con él su símbolo. El hombre de la era tecnológica es un alumno de la máquina que ha creado: de ella aprende la actividad incansable y la fuerza concentrada. La máquina como criatura y templo del santo espíritu humano simboliza la superación de la materia por la mente, de lo estático por el movimiento, de la pereza por el poder: levantarse al servicio de una idea, liberar a la humanidad mediante la acción.

La tecnología ha dotado a la era venidera de una nueva forma de expresión: el cine. El cine está a punto de sustituir al teatro de hoy, a la iglesia de ayer, al circo y al anfiteatro de anteayer, y de desempeñar un papel protagonista en la cultura del estado obrero del futuro.

Con todas sus deficiencias artísticas, el cine empieza ya a llevar inconscientemente a las masas un nuevo evangelio: el evangelio del poder y de la belleza. Anuncia, más allá del bien y del mal, la victoria del hombre más fuerte y de la mujer más bella, tanto si el hombre supera a su rival en fuerza corporal, de voluntad o intelectual, aventurero o héroe, criminal o detective, como si la mujer es más sexy o más noble, más graciosa o más abnegada que las demás, cortesana o madre. La pantalla grita a los hombres en miles de variaciones: "¡Sé fuerte!" A las mujeres: "¡Sé bella!"

Depurar y ampliar esta misión de educación de masas que dormita en el cine es una de las mayores y más importantes tareas de los artistas de hoy, porque el cine del futuro tendrá sin duda una mayor influencia en la cultura proletaria (de la clase obrera) que la que tuvo el teatro en la burguesa.

4. EMANCIPACIÓN

El culto de la era tecnológica es un culto al poder. No hay tiempo ni ocio para el desarrollo de la armonía. En su nombre llegará la edad de oro de la cultura, que seguirá a la edad de hierro del trabajo.

Típico de la actitud dinámica de nuestra época es su carácter masculino-europeo. La ética masculino-europea de Nietzsche es la protesta de nuestro tiempo contra la moral femenino-asiática del cristianismo.

La emancipación de la mujer es también un síntoma de la masculinización de nuestro mundo, porque no conduce al poder al tipo femenino, sino al masculino. Mientras que en el pasado la mujer femenina, por su influencia sobre el hombre, participaba en el liderazgo mundial, hoy "hombres" de ambos sexos empuñan el cetro del poder económico y político. La emancipación de la mujer significa el triunfo del "hombre-mujer" sobre la mujer real, femenina; no conduce a la victoria, sino a la abolición de la mujer. La "dama" ya se ha extinguido: la "mujer" debe seguirla. Mediante la emancipación, el sexo femenino, parcialmente excluido, es movilizado para la guerra tecnológica y colocado en el ejército del trabajo.

La emancipación de los asiáticos se produce en las mismas condiciones que la emancipación de las mujeres; es un síntoma de la europeización de nuestro mundo: porque no lleva a la victoria al tipo asiático, sino al europeo. Mientras que en el pasado el espíritu asiático dominaba Europa a través del cristianismo, hoy los europeos blancos y de color comparten la dominación del mundo. El llamado Despertar de Oriente significa el triunfo del europeo amarillo sobre el verdadero oriental; no conduce a la victoria, sino a la destrucción de la cultura asiática. Donde triunfa la sangre de Asia en Oriente, triunfa con ella el espíritu de Europa: la mente masculina, dura, dinámica, resuelta, activa, racional. Para participar en el progreso, Asia debe sustituir su alma armoniosa y su cultura por la europea. La emancipación de los asiáticos significa su entrada en el ejército de trabajo europeo-americano y su movilización para la guerra de la tecnología. Una vez concluida, Asia volverá a ser asiática, y las mujeres podrán volver a ser femeninas: entonces Asia y las mujeres educarán al mundo en una armonía más pura. Hasta entonces, sin embargo, los asiáticos tendrán que llevar el uniforme europeo, las mujeres el masculino.

5. CRISTIANISMO Y CABALLERÍA

Quien entiende la cultura como armonía con la naturaleza debe calificar nuestra época de bárbara; quien entiende la cultura como confrontación con la naturaleza reconoce la forma específica, masculino-europea, de nuestra cultura. El origen cristiano-asiático de la ética europea nos hizo malinterpretar el valor ético del progreso de la tecnología; sólo bajo la perspectiva de Nietzsche la lucha heroico-ascética de la era tecnológica por la salvación a través de la mente y el trabajo aparece como buena y noble.

Las virtudes de la era tecnológica son, sobre todo: energía, perseverancia, valentía, renuncia, autocontrol y solidaridad. Estas cualidades endurecen el alma para la lucha incruenta y dura del trabajo social.

La ética del trabajo sigue a la ética caballeresca de la batalla: ambas son masculinas, ambas nórdicas. Ahora esta ética se adaptará a las nuevas condiciones y pondrá un nuevo honor laboral en lugar del honor caballeresco superviviente. El nuevo concepto de honor se basará en el trabajo: la nueva vergüenza en la pereza. El perezoso será considerado y despreciado como un desertor del frente de trabajo. Los objetos del nuevo culto al héroe serán inventores, en lugar de barones: creadores de valor en lugar de destructores de valor.

A partir de la moral cristiana, la ética del trabajo tomará el relevo del espíritu pacifista y socialista: porque sólo la paz es productiva para el progreso tecnológico, y la guerra es destructiva, y porque sólo el espíritu social de cooperación de todos los creadores puede conducir a la victoria de la tecnología sobre la naturaleza.

6. EL PELIGRO BUDISTA

Toda propaganda pasivista y hostil contra el desarrollo tecnológico e industrial es una traición contra el ejército de la fuerza de trabajo europea: porque es una llamada a la retirada y a la deserción durante la campaña decisiva. Tolstoianos y neobudistas son culpables de este crimen cultural: desafían a la humanidad a rendirse a la naturaleza poco antes de la victoria final, a evacuar el terreno conquistado por la tecnología y volver voluntariamente al primitivismo de la agricultura y la ganadería. Cansados de la batalla, quieren que Europa viva una existencia pobre e infantil en lugar de crear un mundo nuevo mediante la máxima aplicación de la mente, la voluntad y los músculos.

Lo que aún es viable y vital en Europa rechaza este suicidio cultural: siente la singularidad de su situación y su responsabilidad ante las generaciones futuras. Deponer las armas de la tecnología devolvería al mundo al ciclo de la cultura asiática. La revolución tecnológica mundial que se llama Europa se derrumbaría y enterraría una de las mayores esperanzas de la humanidad. Europa, que vive de sus creaciones heroicas, debe rechazar interiormente el espíritu del budismo. Japón, a medida que se industrializa, debe rechazar internamente el budismo; así, cuanto más Europa se somete internamente al budismo, debe descuidar y traicionar su misión tecnológica. El budismo es una coronación maravillosa para las culturas maduras, pero un veneno peligroso para las culturas nacientes. Su visión del mundo es buena para la vejez, para el otoño -como la religión de Nietzsche lo es para la juventud y la primavera- y la creencia de Goethe lo es para el florecimiento del verano.

El budismo sofocaría la tecnología y, con ella, el espíritu de Europa.

Europa debe permanecer fiel a su misión y no renegar nunca de las raíces de su naturaleza: heroísmo y racionalismo, voluntad germánica y espíritu helenístico. Porque el milagro que es Europa surgió del matrimonio de estos dos elementos. El empuje ciego de los bárbaros nórdicos se hizo vidente y fructífero al contacto con la cultura espiritual de las naciones europeas medias: así, los guerreros se convirtieron en pensadores, los héroes en inventores.

El misticismo de Asia amenaza la claridad mental de Europa; el pasivismo de Asia amenaza su energía masculina. Sólo si Europa resiste a estas tentaciones y peligros y recuerda sus ideales helénicos y germánicos, podrá librar la batalla de la tecnología hasta el final, para redimirse a sí misma y al mundo.

IX. STINNES Y KRASSIN

1. ESTADOS ECONÓMICOS

Stinnes es el líder de la economía capitalista de Alemania- Krassin es el líder de la economía comunista de Rusia. A continuación se les considera como exponentes de la producción capitalista y comunista, no como personalidades.

Desde el hundimiento de las tres grandes monarquías militares europeas, en nuestra parte del mundo sólo quedan Estados económicos: los problemas económicos están en el centro de la política interior y exterior: Mercurio gobierna el mundo, como heredero de Marte, como precursor de Apolo.

La transformación del Estado militar en Estado económico es la expresión política del hecho de que, en lugar del frente bélico, el frente laboral ha pasado al primer plano de la historia.

Los Estados militares corresponden a la era de la guerra; los Estados económicos, a la era del trabajo.

Tanto el Estado comunista como el capitalista son Estados de trabajo, ya no Estados de guerra, todavía no Estados de cultura. Ambos se caracterizan por la producción y el progreso. Ambos están gobernados por productores, como antaño los estados militares estaban gobernados por militares: el comunista por los líderes de los trabajadores industriales, el capitalista por los líderes de los industriales.

El capitalismo y el comunismo están tan emparentados entre sí como el catolicismo y el protestantismo, que durante siglos se consideraron extremos opuestos y lucharon sangrientamente. No su diferencia, sino su parentesco es la causa del amargo odio con que se persiguen mutuamente.

Mientras capitalistas y comunistas mantengan la opinión de que es permisible e imperativo matar o hacer pasar hambre a la gente por defender principios económicos diferentes, ambos se encontrarán en un nivel muy bajo de desarrollo ético. Teóricamente, por supuesto, las premisas y metas del comunismo son más éticas que las del capitalismo, porque se basan en puntos de vista más objetivos y justos.

Sin embargo, las consideraciones éticas no son decisivas para el progreso tecnológico: aquí la cuestión decisiva es si el sistema capitalista o el comunista es más racional y más apropiado para llevar a cabo la guerra de liberación de la tecnología contra las fuerzas de la naturaleza.

2. EL FIASCO RUSO

El éxito habla a favor de Stinnes, en contra de Krassin: la economía capitalista florece, mientras que la comunista está estancada. Deducir de esta afirmación el valor de los dos sistemas sería sencillamente injusto. Porque no hay que pasar por alto en qué circunstancias el comunismo se hizo con el poder y dirigió la economía rusa: tras un colapso militar, político y social, tras la pérdida de importantes zonas industriales, en una lucha contra el mundo entero, bajo la presión de años de bloqueo, una guerra civil continua y la resistencia pasiva de los campesinos, la población civil y la intelectualidad; a esto se añadió la catastrófica pérdida de cosechas. Si se tienen en cuenta todas estas circunstancias, así como el menor talento organizativo y educación del pueblo ruso, sólo cabe maravillarse de que parte de la industria rusa haya sobrevivido.

Comparar el fracaso del comunismo de cinco años con el éxito del capitalismo maduro en estas circunstancias, sería tan injusto como comparar a un niño recién nacido con un hombre adulto y luego determinar que el niño era idiota, mientras que en él, tal vez, duerme un genio.

Incluso si el comunismo se derrumba en Rusia, sería igualmente ingenuo declarar que la revolución es cosa del pasado, del mismo modo que habría sido insensato, tras el colapso del movimiento husita, creer que la reforma había terminado: porque al cabo de unas décadas apareció Lutero y llevó a la victoria muchas de las ideas husitas.

3. PRODUCCIÓN CAPITALISTA Y COMUNISTA

La ventaja esencial de la economía capitalista reside en su experiencia. Controla todos los métodos de organización y producción, todos los secretos estratégicos en la lucha entre el hombre y la naturaleza, y dispone de un estado mayor de oficiales industriales capacitados. El comunismo, por el contrario, se ve obligado a diseñar nuevos planes de guerra con un estado mayor y un estado mayor de oficiales inadecuados, a ensayar nuevos métodos de organización y producción. Stinnes puede avanzar por pistas conocidas, mientras que Krassin debe ser un explorador en la jungla de la revolución económica.

A través de la competencia, el beneficio y el riesgo, el capitalismo posee un motor insuperable que mantiene el aparato económico en constante movimiento: el egoísmo. Cada empresario, inventor, ingeniero y trabajador del estado capitalista está constantemente aprovechando sus fuerzas para evitar ser superado por la competencia y hundirse. Los soldados y oficiales del ejército obrero deben avanzar para no quedar bajo las ruedas.

En la libre iniciativa de una empresa está otra ventaja del capitalismo, a la que la tecnología debe mucho. Uno de los problemas más difíciles del comunismo es evitar la burocracia económica por la que se ve constantemente amenazado.

La principal ventaja técnica del comunismo reside en que tiene la posibilidad de combinar todas las fuerzas productivas y los recursos naturales de su espacio económico y utilizarlos racionalmente según un plan uniforme. Al hacerlo, ahorra todas las fuerzas que el capitalismo malgasta en defenderse de la competencia. El carácter sistemático básico de la economía comunista, que hoy emprende la racionalización del imperio ruso de acuerdo con un plan unificado, representa técnicamente una ventaja sustancial sobre la anarquía productiva capitalista. El ejército obrero comunista lucha bajo un mando unificado contra la naturaleza hostil, mientras que los batallones obreros fragmentados del capitalismo no sólo luchan contra el enemigo común, sino también unos contra otros, para hacer frente a la competencia. Además, Krassin tiene a su ejército más firmemente en su mano que Stinnes, porque los obreros del ejército de Stinnes son conscientes de que parte de su trabajo es para el enriquecimiento de una empresa extranjera y hostil, mientras que los del ejército de Krassin son conscientes de que trabajan para el Estado comunista, del que son socios y partidarios. Stinnes aparece ante sus trabajadores como opresor y adversario, Krassin como líder y asociado. Por ello, Krassin puede atreverse a prohibir las huelgas e introducir el trabajo dominical, mientras que para Stinnes esto sería imposible.

El ejército de Stinnes se descompone por el creciente descontento y los motines, mientras que el ejército de Krassin, a pesar de sus necesidades materiales, se apoya en un objetivo "ideal". En resumen, la guerra contra las fuerzas de la naturaleza es una guerra civil en Rusia, mientras que en Europa y América es una guerra dinástica de reyes industriales.

El trabajo del obrero comunista es una batalla por su Estado y su forma de Estado; el trabajo del obrero capitalista es una batalla por su vida. Aquí, la principal fuerza motriz del trabajo es el egoísmo; allí es *el idealismo político*. Desgraciadamente, en el estado actual de la ética, el egoísmo es un motor más fuerte que el idealismo, por lo que el valor de lucha del ejército obrero capitalista es mayor que el del comunista. El comunismo tiene un plan económico más racional, el capitalismo tiene un motor de trabajo más fuerte.

El capitalismo fracasará, no por sus defectos técnicos, sino por sus defectos éticos. A la larga, el descontento del ejército de Stinnes no podrá contenerse con fusiles. El capitalismo puro se basa en la dependencia y la ignorancia de los trabajadores, como la obediencia esclava de los militares. Cuanto más independiente, segura de sí misma y educada se vuelva la clase obrera, más imposible será para los particulares hacerla trabajar para sus intereses privados.

El futuro pertenece a Krassin: el experimento ruso decidirá la economía actual. Por eso, al mundo entero le interesa no sólo no perturbar este experimento, sino apoyarlo firmemente. Porque sólo entonces su resultado será una respuesta a la pregunta de si el comunismo es capaz de reformar la economía de hoy, o si el mal necesario del capitalismo es preferible a él.

4. MERCENARIOS Y SOLDADOS DEL TRABAJO

El capitalismo corresponde al ejército mercenario en la época de la guerra; el comunismo, al ejército popular. En la época de los mercenarios, todo hombre rico podía reclutar y equipar un ejército militar, al que asalariaba y mandaba, del mismo modo que hoy todo hombre rico puede reclutar y equipar un ejército obrero, al que asalariaba y manda.

Hace tres siglos, Wallenstein desempeñó en Alemania un papel análogo al que hoy desempeña Stinnes: con la ayuda de su fortuna, que había multiplicado en la guerra de Bohemia, y del ejército que promovió y mantuvo, Wallenstein pasó de ser un hombre privado a convertirse en la personalidad más poderosa del Reich alemán, al igual que hoy Stinnes, gracias a su fortuna, que aumentó en la guerra mundial, así como a la prensa y a un ejército de trabajadores, que promueve y mantiene, se convirtió en el hombre más poderoso de la República alemana.

En el Estado capitalista, el trabajador es un mercenario, el empresario es el comandante; en el Estado comunista, el trabajador es un soldado, que está subordinado a los generales controlados por el Estado. Así como los comandantes conquistaron y construyeron dinastías con la sangre de sus mercenarios, los comandantes modernos conquistan con el sudor de sus trabajadores la riqueza y el poder y construyen dinastías plutocráticas.

Como todo comandante mercenario de entonces, los líderes de la industria negocian hoy de igual a igual con gobiernos y Estados: influyen en la política con su dinero, como antes lo hicieron con su poder.

La reforma del ejército obrero, llevada a cabo por el comunismo, corresponde en todos sus detalles a la reforma del ejército que han experimentado todos los Estados modernos.

La reforma del ejército ha sustituido los ejércitos mercenarios por ejércitos populares: introdujo el alistamiento obligatorio, nacionalizó el ejército, prohibió el reclutamiento privado, sustituyó a los terratenientes por oficiales empleados por el Estado y glorificó éticamente a los militares.

El Estado obrero introduce las mismas reformas en el ejército laboral: proclama el trabajo obligatorio, nacionaliza la industria, prohíbe la empresa privada, sustituye a los empresarios privados por directores nombrados por el Estado y glorifica el trabajo como un deber moral.

Stinnes y Krassin son comandantes de poderosas fuerzas obreras que luchan contra el enemigo común: la naturaleza nórdica. Stinnes dirige un ejército mercenario como un moderno Wallenstein-Krassin dirige un ejército popular como mariscal de campo de un estado obrero. Aunque estos dos líderes se consideran adversarios, son aliados, marchan separados, golpean como uno solo.

5. CAPITALISMO SOCIAL-COMUNISMO LIBERAL

Del mismo modo que la regeneración del catolicismo fue consecuencia de la reforma, la rivalidad del capitalismo y el comunismo podría fecundar a ambos: si, en lugar de luchar entre sí mediante el asesinato, la calumnia y el sabotaje, se limitaran a mostrar su mayor valía a través de los logros culturales.

Ninguna justificación teórica del capitalismo promueve más este sistema que el hecho indiscutible de que la vida de los trabajadores estadounidenses (algunos de los cuales van a trabajar en su propio coche) es, de hecho, mejor que la de los rusos, que se mueren de hambre por igual. Porque la prosperidad es más importante que la igualdad: es mejor que todos prosperen y unos pocos se enriquezcan a que prevalezca la miseria general e igualitaria. Sólo la envidia y la pedantería pueden resistirse a este juicio. Lo mejor, por supuesto, sería la riqueza universal e igualitaria, pero eso está en el futuro, no en el presente: sólo puede lograrlo la tecnología, no la política.

El capitalismo estadounidense es consciente de que sólo puede mantenerse mediante una acción social generosa. Se considera depositario de la riqueza nacional, que utiliza para promover inventos y fines culturales y humanitarios.

Sólo un capitalismo social que haga ese esfuerzo por reconciliarse con la mano de obra tiene posibilidades de sobrevivir: sólo un comunismo liberal que intente reconciliarse con la intelectualidad tiene posibilidades de sobrevivir. Inglaterra está intentando la primera vía, Rusia la segunda. Dirigir una guerra contra la voluntad de los oficiales es tan imposible a largo plazo como hacerlo contra la voluntad de las tropas. Esto también se aplica al ejército obrero: depende tanto de líderes expertos como de trabajadores dispuestos.

Krassin se dio cuenta de que es necesario que el comunismo aprenda del capitalismo. Por eso promovió recientemente la iniciativa privada, nombrando al frente de las empresas estatales a ingenieros enérgicos y expertos con la más amplia autoridad y participación en los beneficios, y trajo de vuelta a parte de los industriales desplazados; por último, apoya el débil motor del idealismo con el egoísmo, la ambición y la coerción, y mediante este sistema mixto trata de aumentar el rendimiento laboral del proletariado ruso.

Sólo estos métodos capitalistas pueden salvar al comunismo: Krassin se ha dado cuenta de que el invierno y la sequía son déspotas rusos más crueles que todos los zares y grandes duques: que la guerra de liberación más decisiva se aplica a ellos. Por eso hoy se concentra en la lucha contra el hambre, en la electricidad y en la reconstrucción de la industria y los ferrocarriles, sacrificando incluso una serie de principios políticos por estos planes técnicos. Sabe que su éxito o fracaso económico determinará su política y que de él dependerá que la revolución rusa conduzca finalmente a la solución del mundo o a la decepción del mundo.

Según el estado actual de la ética, la abolición de la propiedad privada fracasará debido a una resistencia psicológica insuperable. Sin embargo, el comunismo sigue siendo un punto de inflexión en el desarrollo económico del Estado empresarial al Estado obrero, así como en la evolución política del estéril sistema de la democracia plutocrática a una nueva aristocracia social de personas inteligentes.

6. CORPORACIÓN Y SINDICATOS

Mientras el comunismo se muestre demasiado inmaduro para dirigir la batalla de la liberación tecnológica, Krassin y Stinnes tendrán que llegar a un entendimiento. Esta forma de cooperación, en lugar de trabajar unos contra otros, será rechazada por los locos fanáticos del capitalismo y del comunismo: sólo las mejores cabezas de ambos bandos se reunirán al darse cuenta de que es mejor salvar la cultura mundial mediante la paz del entendimiento, que destruirla mediante una victoria violenta. Entonces los comandantes de los mercenarios se convertirán en generales de la economía, y los mercenarios, en soldados.

En la economía "roja" del mañana no puede haber igualdad entre dirigentes y dirigidos: pero los futuros industriales ya no serán tan irresponsables como hoy, sino que se sentirán responsables de la comunidad. Los industriales improductivos (traficantes) desaparecerán de la vida económica como en su día desaparecieron del ejército los generales de corte condecorados. Como suele ocurrir hoy, el capitalista productivo tendrá que convertirse en el trabajador más intensivo de su fábrica. Reduciendo al mismo tiempo su exceso de beneficios, se logrará un justo equilibrio entre su trabajo y sus ingresos.

Dos grupos de fuerzas económicas empiezan a compartir la dirección de la economía en el Estado obrero capitalista: los representantes de los empresarios y de los trabajadores. Las empresas y los sindicatos. Su influencia en la política es cada vez mayor y superará la importancia de los parlamentos. Se complementarán y controlarán mutuamente como el senado y el tribunal, la cámara alta y la cámara baja. La conquista de las fuerzas naturales y la captura de los recursos naturales serán dirigidas por las corporaciones y la distribución del botín controlada por los sindicatos.

En el terreno común del aumento de la producción y del perfeccionamiento de la técnica, Stinnes y Krassin se encontrarán: son adversarios en la cuestión de la distribución, pero compañeros en la cuestión de la producción: luchan el uno contra el otro en la cuestión del método económico; luchan juntos en la guerra del pueblo contra las fuerzas de la naturaleza.

X. DEL ESTADO OBRERO AL ESTADO CULTURAL

1. LA ADORACIÓN DE LOS NIÑOS

Nuestra época es al mismo tiempo una época de tecnología y de cultura. Tiene dos exigencias:

-La expansión del Estado obrero

-Preparación del Estado de Cultura

La primera tarea pone la política al servicio de la tecnología; la segunda, al servicio de la ética. Sólo la concentración en la próxima era de la cultura da a la humanidad sufriente y luchadora de la era tecnológica la fuerza para continuar la batalla contra las fuerzas de la naturaleza hasta la victoria.

El trabajo extra realizado por el hombre moderno es su legado a los pueblos del futuro; a través de este trabajo extra, acumula un capital de conocimientos, máquinas y valores de cuyo interés disfrutarán sus nietos.

Hoy se reconoce la división de la humanidad en amos y esclavos, en portadores de cultura y trabajadores forzados. Pero estas clases empiezan a desplazarse de lo social a lo temporal. No somos esclavos de nuestros contemporáneos, sino de nuestros nietos. En lugar de clases yuxtapuestas de esclavos y amos, nuestra cultura se basa en una sucesión de amos y esclavos. El mundo laboral de hoy sienta las bases del mundo cultural de mañana.

Como antaño el placer cultural de los señores se construyó sobre el sobreesfuerzo de los esclavos, así el disfrute cultural del futuro se construirá sobre el sobreesfuerzo presente. La población actual está al servicio de la venidera; sembramos para que otros recojan; nuestro tiempo trabaja, investiga y lucha para que un mundo futuro emerja en belleza.

Así, el culto a los niños ocupa el lugar del culto oriental a los antepasados. Florece tanto en el estado obrero capitalista como en el comunista: en América como en Rusia. El mundo se arrodilla ante el niño como un ídolo, como la promesa de un futuro mejor. Se ha convertido en dogma considerar primero al niño en toda caridad. En el Occidente capitalista, los padres se matan a trabajar para dejar a sus hijos mejores oportunidades en la vida. En el Este comunista, toda una generación vive y muere en la miseria para asegurar un futuro más feliz y justo a sus descendientes. La era europea está consagrada al futuro.

El culto occidental al niño tiene sus raíces en la creencia en la evolución. El europeo considera que lo nuevo es mejor, más sofisticado; cree que sus nietos serán más dignos de libertad que él y sus contemporáneos: cree que el mundo avanza. Mientras que el oriental ve el presente equilibrado entre pasado y futuro, al europeo le parece una bola rodante, que liberada del pasado se precipita hacia un futuro desconocido. El asiático está más allá del tiempo; el europeo se mueve con el tiempo: rechaza su pasado y abraza su futuro. Su historia es una constante declaración sobre el pasado y un empuje hacia el futuro. Como siente el avance del tiempo, el estancamiento significa para él un paso atrás. Vive en un mundo hercúleo del devenir; el asiático vive en el mundo parmenídeo del ser.

Como consecuencia de esta visión, nuestra época sólo puede juzgarse desde la perspectiva de la venidera. Es una época de preparación y de batalla, de inmadurez y de transición. Somos una generación joven que cruza a grandes zancadas el puente entre dos mundos y se sitúa en el inicio de un círculo cultural desenfrenado. Sentimos más cuando avanzamos, crecemos y luchamos, no en el apacible disfrute de la madurez oriental. Nuestra meta no es el placer, sino la libertad; la tranquilidad no es nuestro camino, sino la acción.

2. TRABAJO OBLIGATORIO

La expansión del Estado del trabajo es una obligación cultural de nuestra época. El estado obrero es la última etapa del hombre en su camino hacia el paraíso cultural del futuro.

Ampliar el estado del trabajo significa: poner todas las fuerzas disponibles de la naturaleza y del hombre de la manera más racional al servicio de la producción y del progreso tecnológico.

En una época que está construyendo los cimientos de las culturas futuras, nadie tiene derecho al ocio. El trabajo obligatorio es un deber ético y técnico al mismo tiempo.

Popper-Lynkeus ha diseñado un programa ideal para el desarrollo del Estado obrero en su obra "Una subsistencia garantizada para todos". Exige que el servicio militar obligatorio sea sustituido por el servicio laboral obligatorio. Esto duraría más años y permitiría al Estado garantizar a todos sus miembros un mínimo de alimentación, vivienda, vestido, calefacción y atención médica durante toda su vida. Este programa podría acabar con la miseria y la preocupación y al mismo tiempo con la dictadura de los capitalistas y los proletarios. Las diferencias de clase cesarían como resultado del trabajo obligatorio, como la diferencia entre soldados profesionales y civiles cesó como resultado del servicio militar obligatorio. La abolición del proletariado, sin embargo, es un ideal más deseable que su regulación.

El trabajo obligatorio universal es el precio que Popper-Lynkeus exige por la eliminación de la miseria y la preocupación. La reducción de este trabajo obligatorio al mínimo mediante la mejora de la tecnología y la organización -y su eventual sustitución por trabajo voluntario- constituye la segunda etapa del Estado del trabajo.

La esperanza que Lenin expresa en "Estado y revolución" de que la gente siga trabajando voluntariamente incluso después de la abolición del trabajo obligatorio no es una utopía para los norteños. Porque el inquieto europeo y americano no encuentra satisfacción en la inactividad; a través de varios miles de años de necesidad, el trabajo se ha convertido para él en una segunda naturaleza; lo necesita para ejercitar sus facultades y desterrar los fantasmas del aburrimiento. Su ideal es la acción, no la contemplación. Por esta razón, y no por codicia, la mayoría de los millonarios de Occidente siguen trabajando sin descanso en lugar de disfrutar de su riqueza. Por la misma razón, muchos asalariados consideran su jubilación como una conmoción; prefieren su trabajo habitual al ocio forzado.

En el estado actual de la tecnología, el trabajo voluntario sería insuficiente para abastecer todas las necesidades: todavía se necesita mucho trabajo excesivo y obligatorio para despejar el camino hacia un trabajo bello y libre del futuro.

Los inventores allanan el camino hacia el futuro. Su labor incansable y silenciosa es más esencial y significativa para la cultura que la de los ruidosos políticos y artistas que se abalanzan sobre el primer plano de la escena mundial. La sociedad moderna está obligada a promover a sus inventores y sus actividades de todas las formas imaginables: debería concederles la posición privilegiada que la Edad Media otorgaba a monjes y sacerdotes, ofreciéndoles así la oportunidad de inventar sin preocupaciones.

Los inventores son las personalidades más importantes de nuestro tiempo; los trabajadores industriales son sus pilares; son los precursores de la lucha de la humanidad por la soberanía, dando a luz las creaciones engendradas por la invención.

3. ESTADO PRODUCTOR-CONSUMIDOR

Otro deber del Estado del trabajo es aumentar la prosperidad general incrementando la producción.

En cuanto se lanzan al mercado más alimentos de los que se pueden consumir, cesa el hambre y el estado dichoso del país vuelve a un nivel superior.

Sólo cuando la ciudad construya más pisos de los que alberga a las familias podrá desterrar la escasez de vivienda, que sólo alivia, redistribuye y desplaza mediante la vivienda forzosa.

Sólo cuando se produzcan tantos coches como relojes de bolsillo, cada trabajador se convertirá en propietario de un coche: no regalando a los comisarios los coches confiscados a los directores de los bancos.

Sólo mediante la producción, no mediante la confiscación, puede aumentar continuamente la prosperidad de un pueblo.

En el estado capitalista, la producción depende de la fijación de precios. Si le interesa fijar los precios, el productor está tan decidido a destruir sus productos como a producirlos, a inhibir la tecnología como a promoverla, a reducir la producción como a aumentarla. Si el progreso tecnológico y cultural es coherente con sus intereses, está dispuesto a promoverlos; si entran en conflicto entre sí, no tiene reparos en elegir los beneficios por encima de la tecnología, la producción y la cultura. A los productores les interesa siempre que la demanda supere a la oferta, mientras que a los consumidores les interesa que la oferta supere a la demanda.

El productor vive de la necesidad del consumidor: los productores de cereales viven de que la gente pase hambre; los productores de carbón viven de que la gente se congele. Les interesa perpetuar el hambre y las heladas. La industria del pan sabotearía la invención de un sustituto del pan, la industria del carbón, la invención de un sustituto del carbón; también intentarían comprar y destruir tales invenciones. Los trabajadores de los sectores correspondientes se solidarizarían con las empresas para no perder trabajo e ingresos.

Los industriales y los obreros están interesados en precios más altos para sus productos industriales, los agricultores y los trabajadores agrícolas en precios más altos para sus productos agrícolas. Como productores, los deseos de las personas divergen, mientras que como consumidores, todas las personas tienen el mismo objetivo común: reducir los precios aumentando la producción.

Otra travesura del "Estado productor" es la publicidad. Es una consecuencia necesaria de la competencia y consiste en el aumento de la demanda mediante la publicidad artificial del deseo humano. Para exhibir e imponer el lujo, que despierta el deseo sin poder satisfacerlo nunca, actúa como causa principal de la envidia general, de la insatisfacción general y de la amargura. Ningún habitante de la ciudad puede comprar todos los bienes que ciegan sus ojos en los escaparates: por eso siempre se siente pobre, en relación con las riquezas y los placeres exhibidos. La devastación espiritual causada por la publicidad sólo puede eliminarse aboliendo la competencia; la competencia sólo puede eliminarse apartándose del capitalismo.

A pesar del gran avance que la era tecnológica debe al capitalismo, no debe cegarse ante las amenazas de este lado: debe crear un sistema mejor a tiempo para evitar los errores del capitalismo.

El rival y heredero del Estado empresario capitalista -el "Estado obrero" comunista- contiene una parte de los errores de su predecesor, porque incluso en él hay un grupo de productores; también es un Estado productor.

El Estado cultural del futuro, en cambio, será un Estado de consumo: su producción estará controlada por el consumidor, no, como hoy, el consumidor por los productores. La producción no se hará con ánimo de lucro, sino en aras del bienestar general y de la cultura: no en aras de los productores, sino de los consumidores.

La futura misión del Parlamento es representar los intereses comunes de todos los consumidores, cuyos portavoces hoy siguen siendo los representantes y los partidos.

4. REVOLUCIÓN Y TECNOLOGÍA

El derrocamiento de la economía que debe transformar la actual anarquía productiva de Europa en un nuevo orden nunca debe olvidar su misión productiva y debe estar en guardia para no caer en los métodos destructivos de Rusia. Debido a su situación septentrional y a su superpoblación, Europa es más dependiente del trabajo organizado y de la producción. No puede, ni siquiera temporalmente, vivir de las limosnas de su naturaleza tacaña; todo lo que ha conseguido, se lo debe a las hazañas de su ejército obrero. La desorganización radical a través de la guerra o la anarquía significaría la muerte cultural de Europa: porque una paralización temporal de la producción europea significaría que cien millones de europeos morirían de hambre; Europa, que carece de la resistencia de Rusia, no podría sobrevivir a semejante catástrofe. La ética exige del próximo derrocamiento de Europa que proteja y santifique la vida humana; la tecnología exige del próximo derrocamiento de Europa que proteja y santifique las creaciones humanas.

Quien mata voluntariamente a un ser humano peca contra el espíritu santo de la comunidad; quien destruye voluntariamente una máquina peca contra el espíritu santo del trabajo. El capitalismo fue culpable de este doble crimen en la guerra mundial, el comunismo en la revolución rusa. Ninguno de los dos veneraba la vida humana ni el trabajo humano.

Si Europa es enseñable, puede aprender de la revolución rusa qué métodos no debe utilizar, porque tiene una advertencia sobre la importancia de la tecnología y la venganza que se cobra de sus detractores. Los dirigentes rusos pensaron que podían salvar a su país y al mundo sólo con objetivos éticos y medios militares, en lugar de con trabajo y tecnología. Sacrificaron la industria y la tecnología de su país por la política. Al alcanzar las estrellas, perdieron el suelo de la producción bajo sus pies y cayeron en el abismo de la miseria. Para salvarse de este abismo en el que se deterioran los pueblos rusos, los dirigentes comunistas se ven obligados a pedir ayuda a sus mortales enemigos capitalistas contra el avasallador clima ruso, que en su día destrozó al gran ejército de Napoleón y hoy amenaza al bolchevismo con correr la misma suerte.

Si Europa sigue el ejemplo destructivo de la revolución rusa, corre el riesgo, en lugar de establecer un nuevo orden postcapitalista, de hundirse de nuevo en el primitivismo de la barbarie precapitalista y verse obligada a revivir la era capitalista. La lucidez puede protegerla de este trágico destino: de lo contrario, será como un paciente que muere de un paro cardíaco a causa de la anestesia, mientras se le está practicando una operación. Porque el latido de Europa es la tecnología: sin tecnología no puede vivir, ni siquiera bajo la constitución más libre. Antes de mejorar la distribución de los bienes, hay que asegurar su producción, porque ¿de qué sirve la igualdad si todo el mundo se muere de hambre? ¿Y de qué sirve la desigualdad si nadie sufre?

La revolución europea tendría que multiplicar su producción en lugar de destruirla, revivir su tecnología en lugar de destruirla. Sólo entonces tendría perspectivas de éxito y de realización permanente de sus ideales éticos.

La organización y la maquinaria de Europa constituyen la base de su futura cultura. Si Europa intenta levantar el techo político de esta construcción cultural, antes que los cimientos tecnológicos, la construcción se derrumba y entierra a los frívolos arquitectos junto con los desafortunados residentes.

5. PELIGROS DE LA TECNOLOGÍA

El curso de la revolución rusa ha demostrado adónde conducen las exigencias éticas, si son ciegas a las necesidades tecnológicas. El curso de la Guerra Mundial ha demostrado adónde conducen los avances tecnológicos, cuando son ciegos a las necesidades éticas.

La tecnología sin ética debe conducir a catástrofes, al igual que la ética sin tecnología. Si Europa no progresa en el plano ético, tendrá que ir dando tumbos de una guerra mundial a otra: éstas serán tanto más terribles cuanto más se desarrolle la tecnología. El hundimiento de Europa es inevitable si su progreso ético no va a la par del tecnológico. Sin embargo, sería igualmente ridículo y cobarde combatir y condenar la tecnología como tal por la posibilidad de desastres tecnológicos y culturales, como lo sería evitar y culpar al ferrocarril por la posibilidad de accidentes ferroviarios.

Mientras Europa amplía el Estado del trabajo, no debe olvidar nunca preparar el Estado de la cultura: maestros y sacerdotes, artistas y escritores, preparan al pueblo para una gran fiesta que es la meta de la tecnología. Su importancia es tan grande como la de los ingenieros, químicos y médicos: éstos conforman el cuerpo de la cultura venidera, aquéllos conforman el alma. Porque la técnica es el cuerpo y la ética el alma de la cultura. Aquí radica su contraste y su relación.

La ética enseña a las personas a utilizar correctamente el poder y la libertad que les da la tecnología. El abuso de poder y libertad es más fatal para el ser humano que la impotencia y la falta de libertad. La enfermedad humana podría hacer que la vida fuera peor en la era futura del ocio que en la era actual del trabajo forzado. Depende de la ética que la tecnología lleve a la gente al infierno o al cielo. La máquina lleva la cabeza de Jano: si se maneja de forma responsable, se convierte en la esclava del hombre futuro y le proporcionará poder, libertad, ocio y cultura; si se maneja de forma irresponsable, la máquina esclavizará al hombre y le robará el poder y la cultura que le quedan. Si no es posible convertir la máquina en un órgano del hombre, entonces el hombre se hundirá hasta ser un componente de la máquina.

La tecnología sin ética es "materialismo práctico": conduce a la caída de la humanidad del hombre y a su transformación en una máquina; induce al hombre a convertirse en un alienígena y a entregar su alma a *las cosas*. Pero todo progreso tecnológico se vuelve nocivo e inútil cuando el hombre, al conquistar el mundo, pierde su alma: sería mejor que hubiera seguido siendo animal.

Al igual que los ejércitos y las guerras fueron en su día necesarios para preservar la libertad y la cultura entre las naciones, el trabajo y la tecnología son necesarios en las zonas pobres y superpobladas del mundo para preservar la vida y la cultura. Pero el ejército debe defender objetivos políticos, la tecnología éticos. Una tecnología que se emancipa de la ética y se considera un fin en sí misma es tan catastrófica para la cultura como lo es un ejército que se emancipa de la política y se considera un fin en sí mismo: un industrialismo sin líder derribará la cultura tanto como un militarismo sin líder destruye el Estado.

Como el cuerpo es un órgano del alma, la técnica debe someterse a una dirección ética; debe cuidarse de no caer en el error que ha cometido el arte al proclamar "el arte por el arte". Ni el arte, ni la técnica, ni la ciencia, ni la política son fines en sí mismos: son caminos que conducen a la humanidad, a un ser humano fuerte y completo.

6. ROMANTICISMO DEL FUTURO

En tiempos de penuria crece la nostalgia y, con ella, el romanticismo.

Incluso nuestra época ha dado a luz al romanticismo: en todas partes se anhelan mundos ajenos, más bellos, que se supone nos ayudarán a superar el gris de nuestra jornada laboral. Los viveros del romanticismo moderno: el cine, los teatros y las novelas son como ventanas desde las que los trabajadores forzados de la penitenciaría europea pueden asomarse a la libertad.

El romanticismo moderno tiene cuatro formas principales:

El romance del pasado, que nos devuelve a las épocas más coloridas y libres de nuestra historia; el romance de la distancia, que nos abre el Gran Oriente y el Salvaje Oeste;

el romance de lo oculto, que penetra en las zonas más íntimas de la vida y del alma y llena de maravillas y secretos lo sombrío de la vida cotidiana; el romance del futuro, que consuela a la gente buscando un mañana dorado.

Spengler, Kayserling y Steiner se encuentran con el romanticismo moderno: Spengler abre las culturas del pasado, Kayserling las culturas de la distancia, Steiner las riquezas del Ocultismo. La gran influencia que estos hombres ejercen en la vida intelectual alemana se debe en parte al anhelo romántico del pueblo alemán, que mira al pasado, a la distancia y al cielo, para encontrar allí consuelo.

La imaginación conduce al pasado, a la distancia y al más allá, pero la acción conduce al futuro. Por eso, ni la historia, ni el orientalismo, ni el ocultismo funcionan como motor de nuestro tiempo, sino el romanticismo del futuro: ha dado origen a la idea del Estado futuro y, por tanto, al movimiento mundial del socialismo: ha concebido la idea de lo sobrehumano e iniciado así la sumisión de los valores.

Marx, heraldo del Estado futuro, y Nietzsche, heraldo de lo sobrehumano, son románticos del futuro. No sitúan el paraíso ni en el pasado, ni en la distancia, ni en lo oculto, sino en el futuro.

Marx anuncia la llegada del imperio mundial del trabajo, Nietzsche la llegada de la cultura mundial. Todo lo que trata de la expansión del Estado del trabajo debe considerar el socialismo; todo lo que trata de la preparación del Estado de la cultura debe considerar lo sobrehumano. Marx es el profeta del mañana, Nietzsche el profeta de pasado mañana.

Todos los grandes acontecimientos sociales e intelectuales de la Europa moderna están relacionados de algún modo con las obras de estos dos hombres: la revolución social y política está en el signo de Marx; la revolución ética y mental del mundo, en el signo de Nietzsche. Sin estos dos hombres, la faz de Europa tendría otro aspecto.

Marx y Nietzsche, heraldos de futuros ideales sociales e individuales, son europeos, hombres y fuerzas dinámicas. Sus ideales tendrán que realizarse mediante acciones en el futuro. Sus ideales dinámicos contienen exigencias: no sólo quieren enseñar, sino que obligan a los hombres; vuelven la mirada del hombre hacia adelante y actúan así como creadores de la sociedad y de los hombres. Su polaridad refleja la esencia del espíritu europeo y el futuro del destino europeo.

El ideal más elevado y último del romanticismo europeo del futuro no es apartarse, sino volver a la naturaleza en un nivel superior. La cultura, la ética y la tecnología están al servicio de este ideal. Tras cientos de miles de años de guerra, el ser humano debe volver a hacer las paces con la naturaleza y regresar a su imperio, pero no como su criatura, sino como su amo. Porque el hombre está a punto de derrocar la constitución de su planeta: ayer era anárquica, mañana será monárquica. Una entre mil millones de criaturas alcanza la corona de la creación: el ser humano libre y evolucionado como rey de la tierra.

PACIFISMO-1924

A los muertos, a los vivos, ¡a los héroes de la paz que vienen!

Richard Coudenhove-Kalergi

1. DIEZ AÑOS DE GUERRA

La paz, que se vino abajo hace diez años, no se ha restablecido hasta hoy. A los cinco años de guerra siguieron cinco años de semiguerra para Europa. Las guerras ruso-polaca y greco-turca, la ocupación del Ruhr, los combates en Alta Silesia, Lituania, Hungría Occidental, Fiume, Corfú, las guerras civiles en Alemania, Italia, España, Hungría, Irlanda, Grecia, Bulgaria y Albania entran dentro de este periodo, así como los asesinatos políticos y la sedición, el hundimiento de las monedas y el empobrecimiento de pueblos enteros.

Esta década, la peor de la historia europea desde la emigración, es una acusación contra la guerra peor de la que jamás podrían emitir los pacifistas: sin embargo, este acusado no ha sido castigado, sino que puede celebrarse en todas partes como triunfante, dicta la política europea, se prepara para atacar de nuevo a los pueblos de Europa y para destruirlos finalmente.

Sin duda, como resultado del avance de la tecnología bélica -especialmente la fabricación de veneno y la aviación-, la próxima guerra europea no debilitaría esta parte de la tierra, sino que la destruiría.

Este peligro, que le afecta personalmente, debe ser tenido en cuenta por todo europeo. Si le parece inevitable, la consecuencia lógica es la emigración al extranjero. Si le parece evitable, la lucha contra el peligro de la guerra y sus portadores sigue siendo su deber: el deber del pacifismo.

Hoy, seguir siendo europeo no es sólo un destino, sino también una tarea responsable, de cuya solución depende el futuro de todos y cada uno de nosotros.

El pacifismo es la única "realpolitik" en la Europa actual. Esperar la salvación mediante la guerra es ceder a ilusiones románticas.

La mayoría de los políticos europeos parecen reconocerlo y desean la paz, y con ellos la inmensa mayoría de los europeos.

Este hecho no puede tranquilizar al pacifista, que recuerda que lo mismo ocurrió en 1914; entonces, la mayoría de los estadistas y la mayoría de los europeos querían la paz. Y sin embargo, contra su voluntad, estalló la guerra. Este estallido de la guerra fue el resultado de un golpe de Estado internacional de las minorías favorables a la guerra contra las mayorías contrarias a ella.

Este Estado aprovechó una ocasión favorable, y con mentiras y eslóganes sorprendió a pueblos desprevenidos, cuyo destino se dejó en manos de esas minorías durante años.

La Guerra Mundial fue el resultado de la determinación de los militaristas y la debilidad de los pacifistas. Mientras se mantenga esta relación, cualquier día puede estallar una nueva guerra europea. Hoy, como entonces, una pequeña pero enérgica minoría pro-guerra se enfrenta a una gran pero impotente mayoría pacifista; juega con la guerra en lugar de aplastarla: apacigua a los belicistas en lugar de derrocarlos, creando así la misma situación que en 1914.

El pacifismo olvida que un lobo es más fuerte que mil ovejas y que, tanto en política como en estrategia, los números sólo deciden si están bien gestionados y organizados.

Es lo que le falta al pacifismo hoy como hace diez años. Si el pacifismo hubiera estado mejor gestionado y organizado entonces, la guerra no habría estallado; si lo estuviera hoy, Europa estaría a salvo de una nueva guerra.

La impotencia del pacifismo radica, como entonces, en que muchos desean la paz, pero muy pocos la quieren; muchos temen la guerra, pero muy pocos la combaten.

2. CITICISMO DEL PACIFISMO

La culpa pasiva de la guerra afecta al pacifismo europeo. El mal liderazgo, la debilidad y la falta de carácter animaron a los belicistas a iniciar la guerra.

Los seguidores de la idea de la paz, que en 1914 no defendieron su ideal a tiempo ni con suficiente fuerza, son en parte responsables del estallido de la guerra.

Pero si hoy, después de esta experiencia y conocimiento, un opositor a la guerra persiste en su pasividad, invita a una culpa aún más pesada sobre sí mismo al promover indirectamente una guerra futura.

Un pacifista rico que no financia la paz hoy es medio belicista.

Un periodista de mentalidad pacifista, que hoy no propaga la paz, es también un medio belicista.

Un votante que, por razones de política interior, elige a un candidato en cuyo compromiso con la paz no cree, firma una sentencia de muerte a medias para sí mismo y para sus hijos.

El deber de todo pacifista es: hacer todos los esfuerzos posibles para evitar que se trate de una guerra futura; si no sigue esta dirección, o no es pacifista o es ajeno a sus deberes.

El pacifismo no aprendió nada de la guerra: es esencialmente el mismo hoy que en 1914. Si no reconoce sus errores y no cambia, el militarismo seguirá pasándole por encima en el futuro. Los principales errores del pacifismo europeo son:

El pacifismo es apolítico: entre sus líderes hay demasiados admiradores y muy pocos políticos. Por ello, el pacifismo se basa a menudo en ilusiones, no tiene en cuenta los hechos, la debilidad humana, la sinrazón y la malicia; extrae conclusiones erróneas a partir de supuestos equivocados. El pacifismo es ilimitado; no sabe limitar sus objetivos. No consigue nada porque lo quiere todo al mismo tiempo.

El pacifismo es previsor; es razonable en cuanto al objetivo, pero irrazonable en cuanto a los medios. Dirige su voluntad hacia el futuro y deja el presente a las intrigas de los militaristas.

El pacifismo es aleatorio: quiere evitar la guerra sin sustituirla; su objetivo negativo carece del programa positivo de una política mundial activa. El pacifismo está fragmentado; tiene sectas, pero no iglesia; sus grupos trabajan aislados, sin liderazgo ni organización uniformes.

El pacifismo tiende a ser un apéndice más que una pieza central de los programas políticos; su atención se centra en la política interior, mientras que su pacifismo es más una táctica que un principio.

El pacifismo es inconsecuente; suele aceptar resignarse sin críticas a un ideal superior (es decir, a un latiguillo ingenioso), como hizo en 1914 y estaría dispuesto a hacer en el futuro.

El mayor mal del pacifismo son los pacifistas. Esto no cambia el hecho de que entre ellos se encuentran los mejores y más importantes hombres de nuestro tiempo. Éstos quedan excluidos de la siguiente crítica.

La mayoría de los pacifistas son fanáticos, que desprecian la política y sus medios, en lugar de perseguirlos. Por lo tanto, en detrimento de su propósito, no se les toma en serio, políticamente.

Muchos pacifistas creen que pueden cambiar el mundo predicando más que actuando: comprometen el pacifismo político afirmándolo con especulaciones religiosas y metafísicas.

Normalmente, el miedo a la guerra es la madre del pacifismo. Si este miedo se extiende al resto de la vida de los pacifistas, les impide exponerse a la idea de la paz.

La valentía y el sacrificio son menos comunes en los pacifistas que en los militaristas. Muchos reconocen el peligro de la guerra, pero pocos hacen sacrificios personales o materiales para evitarla. En lugar de luchadores, son pacifistas pendencieros, que dejan a otros la batalla, de cuyos frutos participan.

Muchos pacifistas tienen naturalezas apacibles y no sólo rehúyen la guerra, sino también la lucha contra la guerra; su corazón es puro, pero su voluntad es débil y, por tanto, su valor de lucha ilusorio.

La mayoría de los pacifistas son débiles de mente, como la mayoría de la gente; incapaces de resistir la sugestión de las masas en el momento decisivo, son pacifistas durante la paz, militaristas durante la guerra. Sólo una organización sólida, dirigida por una voluntad fuerte, puede obligarles a ponerse al servicio de la paz.

3. PACIFISMO RELIGIOSO Y POLÍTICO

El pacifismo religioso lucha contra la guerra porque no es moral; el pacifismo político, porque no es rentable.

El pacifismo religioso ve crimen en una guerra; el pacifismo político ve estupidez.

El pacifismo religioso pretende abolir la guerra cambiando a las personas; el pacifismo político, cambiando las situaciones.

Ambas formas de pacifismo son buenas y están justificadas: por separado, sirven a la paz y al progreso humanos; fusionadas, se perjudican mutuamente más de lo que se benefician. Sin embargo, deberían apoyarse mutuamente de forma consciente: así, huelga decir que el pacifista político también debería utilizar argumentos éticos para reforzar el poder publicitario de la propaganda; y un pacifista religioso debería apoyar la política pacifista en lugar de la militarista, si tiene elección.

En sus métodos, sin embargo, *el pacifismo práctico* debe emanciparse del pacifismo ético: de lo contrario, será incapaz de dirigir con éxito la lucha contra el militarismo. En política, los métodos maquiavélicos del militarismo han demostrado ser más eficaces que los métodos tolstoianos del pacifismo, que en consecuencia tuvo que rendirse en 1914 y 1919. Si el pacifismo quiere ganar en el futuro, debe aprender de sus oponentes y perseguir sus objetivos con medios maquiavélicos: tiene que aprender de los ladrones cómo tratar con los ladrones. Porque quien arroja su arma en nombre de la no violencia, mientras le roban, sólo ayuda a los ladrones, sólo a la violencia, sólo al mal. Por lo tanto, el pacifista político debe reconocer el hecho de que en la política cotidiana la no violencia no es igual a la violencia; que sólo puede renunciar a la violencia quien, como antaño el cristianismo, puede esperar siglos. Pero Europa no puede: si la paz no prevalece aquí, dentro de 300 años sólo los arqueólogos chinos perturbarán su reposo en el cementerio. Así pues, a la paz europea no le basta con vencer: si no vence pronto, su victoria es ilusoria.

Quien quiera jugar un juego con éxito, debe someterse a las reglas del juego. Las reglas de la *política son: astucia y violencia*.

Si el pacifismo quiere intervenir en política, debe utilizar estos medios para combatir el militarismo. Sólo después de su victoria podría cambiar las reglas del juego y poner el derecho en lugar del poder.

Pero mientras en política el poder esté por encima del derecho, el pacifismo debe apoyarse en el poder. Si deja el poder a los amigos de la guerra, mientras sólo se apoye en sus propios derechos como cuestión de principio, sólo adelantará las guerras futuras.

Un político que no quiere utilizar la violencia es como un cirujano que no quiere cortar: aquí y allá es importante encontrar la medida justa entre demasiado y demasiado poco: de lo contrario, el paciente muere en lugar de recuperarse.

La política es la ciencia de la conquista y del uso correcto del poder. La paz interior de todos los países se mantiene mediante la ley y la violencia: la ley sin violencia conduciría inmediatamente al caos y a la anarquía, es decir, a la peor forma de violencia.

El mismo destino amenaza la paz internacional, si sus derechos no son respaldados por una organización internacional de poder.

Por tanto, el pacifismo como programa político nunca debe rechazar la violencia: debe utilizarla contra la guerra, no a favor de ella.

La desconfianza de las masas amantes de la paz en el liderazgo político de los pacifistas, que parece paradójica, se explica por el hecho de que la mayoría de los pacifistas no conocen el ABC de la política. Porque, al igual que preferimos confiar nuestra representación a un abogado hábil antes que a uno torpe -aunque sea amable-, también las naciones prefieren poner su destino en manos hábiles antes que en manos benévolas.

Los pacifistas sólo conquistarán la confianza política de las masas si, en palabras de la Biblia, no sólo son mansos como palomas, sino también astutos como serpientes; si no sólo son más nobles, sino también más hábiles en los medios, que sus rivales militaristas.

4. REFORMA DEL PACIFISMO

La nueva era exige un nuevo pacifismo. Los estadistas deben ser sus líderes en lugar de los soñadores; los luchadores deben llenar sus filas, en lugar de los quejosos.

Sólo un pacifismo inteligente puede convencer a las masas, sólo un pacifismo heroico puede influir en ellas.

Los nuevos pacifistas deben ser optimistas de la voluntad, pero pesimistas del conocimiento. No deben pasar por alto ni exagerar los peligros que amenazan la paz, sino combatirlos. La afirmación "una nueva guerra es imposible" es tan errónea como "una nueva guerra es inevitable". Que la posibilidad de guerra se convierta o no en la realidad de la guerra depende ante todo de la energía y la prudencia de los pacifistas. Porque la guerra y la paz no son acontecimientos naturales, sino creados por el hombre.

Por lo tanto, el pacifista debe adoptar el siguiente punto de vista: "La paz está amenazada; la paz es posible; la paz es deseable; ¡creemos la paz!".

El nuevo pacifismo debe limitar sus objetivos para alcanzarlos, y exigir sólo lo que está decidido a hacer cumplir. Porque el reino de la paz sólo puede conquistarse paso a paso y un paso adelante en la realidad vale más que mil pasos en la imaginación.

Los programas ilimitados sólo atraen a los fantasiosos y repelen a los políticos; ¡pero un político puede hacer más por la paz que mil fantasiosos!

Los pacifistas de todas las naciones, partidos e ideologías deben formar una falange en la política internacional con un liderazgo unificado y símbolos comunes.

Fusionar grupos tan diversos es imposible e inapropiado, pero su cooperación es posible y necesaria.

El pacifismo debe exigir claridad a cada político sobre su posición ante la guerra y la paz. En esta cuestión de la vida, todo votante tiene derecho a conocer la posición de su candidato, a saber en qué circunstancias precisas votaría a favor de la guerra y qué medios quiere utilizar para evitarla.

Sólo si los electores intervienen de este modo en la política exterior, en lugar de contentarse con frases y eslóganes, podrían los parlamentos convertirse en imágenes especulares de la voluntad que anima a las masas de trabajadores, agricultores y ciudadanos de todas las naciones.

Sobre todo, el nuevo pacifismo debe reformar a los pacifistas.

El pacifismo sólo puede ganar si los pacifistas están dispuestos a sacrificar honor, dinero y vida; si los pacifistas ricos pagan, los pacifistas fuertes actúan.

Mientras las masas vean héroes en los militaristas dispuestos a dar diariamente la vida por sus ideales, pero sólo débiles y cobardes en los pacifistas, el entusiasmo por la guerra será más fuerte que el entusiasmo por la paz.

Porque el poder de convencer reside en las cosas: el poder del entusiasmo en las personas. Cuanto más se conviertan los pacifistas en luchadores, apóstoles, héroes y mártires de su idea, en lugar de sus defensores y beneficiarios, más fuerte será su poder de inspiración.

5. PAZ MUNDIAL Y PAZ EUROPEA

Los objetivos del pacifismo religioso son absolutos y simples; los objetivos del pacifismo político son relativos y diversos. Cada problema político exige un tipo específico de pacifismo.

Hay tres tipos principales de guerra: guerra ofensiva, guerra defensiva y guerra de liberación.

Todos los pacifistas se oponen a la guerra de conquista; la forma de combatirla es clara: el compromiso mutuo de los Estados en una defensa común contra los rompedores de la paz. En el futuro, tal organización, que la Sociedad de Naciones está planeando a través del Pacto de Garantía, protegerá a las naciones de las guerras de conquista y, al mismo tiempo, les evitará acciones defensivas individuales.

El problema de la guerra de liberación es mucho más difícil. Porque su forma es la de una guerra ofensiva, pero su alma es la de una guerra defensiva contra una conquista. El pacifismo, que hace imposibles las guerras de liberación, se pone del lado del partido de los opresores. Por otra parte, una legitimación internacional de la guerra de liberación sería una promesa de guerras de conquista.

Porque la liberación de los pueblos y clases oprimidas es la excusa más popular para todas las guerras de conquista; y porque en todas partes existen naciones, razas y clases que se sienten oprimidas, o realmente lo están, hoy un pacifismo que permitiera una guerra de liberación sería prácticamente ilusorio.

Aquí se enfrentan dos teorías: el pacifismo conservador, cuyo objetivo es luchar contra toda ruptura de la paz, preservar el statu quo y las actuales condiciones de dominio, y el pacifismo revolucionario, cuyo objetivo es una última guerra mundial por la liberación de todas las clases, pueblos y razas oprimidos y, por tanto, la destrucción de cualquier causa futura de guerra y la creación de la república mundial.

El pacifismo conservador se centra en la Liga de Naciones de Ginebra; el pacifismo revolucionario, en el Tratado de Moscú.

El pacifismo de Ginebra quiere mantener la paz sin eliminar las armas que amenazan con conducir a una futura guerra; el pacifismo de Moscú quiere acelerar la explosión internacional para asegurar la paz en el futuro.

Es de temer que Ginebra sea demasiado débil para mantener la paz y Moscú demasiado débil para construirla. Por eso ambas marcas amenazan la paz mundial con su radicalismo.

Una salida parcial a este dilema es un pacifismo evolutivo cuyo objetivo es una erosión gradual de la opresión nacional y social al tiempo que se mantiene la paz. Este pacifismo, que conduce como una cuerda estrecha sobre un doble abismo, requiere la mayor habilidad política de los dirigentes y una gran comprensión política por parte de las naciones. Sin embargo, debe ser probado por todos aquellos que honestamente desean la paz.

Los dos problemas de paz más difíciles del futuro: El problema indio y el australiano. En la cuestión india, (que es un caso especial de la cuestión colonial general) la voluntad de independencia política de la nación india y la voluntad del Reino Unido de mantenerla en su unión son aparentemente irreconciliables. Esta situación tienta a los pueblos asiáticos (y semiasiáticos) a unirse un día a la India en una gran guerra de liberación.

La cuestión australiana (que es un caso especial de la cuestión de la inmigración en el Pacífico) gira en torno al bloqueo de los mongoles a los asentamientos anglosajones. El fuerte crecimiento demográfico de los mongoles no es proporcional a la falta de zonas de asentamiento y amenaza con provocar un día una explosión en el océano Pacífico, si no se abre una válvula. Por otra parte, los australianos blancos saben que la admisión de los mongoles los convertiría pronto en minoría. La solución que encuentre este problema, una vez que China esté tan armada como Japón, no está clara.

La solución pacífica de estos problemas mundiales es una tarea muy difícil para los pacifistas británicos, asiáticos y australianos.

Sin embargo, los pacifistas europeos deben reconocer claramente que una solución violenta a estas cuestiones es más probable que una pacífica, pero que carecen del poder y la influencia para evitar estas guerras amenazadoras.

Esta idea aclara la misión del pacifismo europeo: no tiene poder para pacificar el mundo, pero sí para dar paz permanente a Europa resolviendo la cuestión europea e impidiendo que su parte de la tierra se vea implicada en los conflictos de Asia y el Pacífico. En consecuencia, el pacifismo político europeo debe limitar sus objetivos y aprender a distinguir entre lo que quiere y lo que puede conseguir. Sin extralimitarse en sus poderes, debe luchar primero por la paz en su propia parte del mundo y dejar que los estadounidenses, británicos, rusos y asiáticos mantengan la paz en las partes del mundo que les han correspondido. Pero todos los pacifistas del mundo deben mantenerse en contacto constante entre sí, ya que muchos problemas (especialmente el desarme) deben resolverse internacionalmente, y puesto que el pacifismo internacional debe intentar evitar y resolver los conflictos entre esos complejos mundiales.

En comparación con esas amenazas bélicas de Asia Oriental, los problemas de la paz europea son relativamente fáciles de resolver. Ningún obstáculo insalvable se interpone en el camino de la paz europea. Nadie podría ganar nada en una guerra europea, pero todos podrían perderlo todo. El vencedor quedaría herido de muerte; los vencidos saldrían destruidos de este asesinato masivo.

Por lo tanto, una nueva guerra europea sólo podría surgir de un crimen de los militaristas, por descuido de los pacifistas y estupidez de los políticos.

Puede evitarse si se mantiene a raya a los belicistas en todos los países, si los pacifistas cumplen con su deber y los estadistas salvaguardan los intereses de sus pueblos.

La consecución de la paz en Europa, que se ha convertido en los Balcanes del mundo, representa un importante paso adelante hacia la paz mundial. Al igual que la Guerra Mundial emanó de Europa, la paz mundial podría emanar de Europa.

No se puede pensar en la paz mundial si la paz europea no está anclada en un sistema estable.

6. PROGRAMA DE PAZ REALPOLITIK

La amenaza europea de guerra se divide en dos grupos: el primero se basa en la opresión nacional; el segundo, en la opresión social. Hoy, la cuestión fronteriza y la cuestión rusa amenazan la paz europea.

La esencia de la cuestión fronteriza es que la mayoría de los estados y pueblos europeos están insatisfechos con sus fronteras actuales, porque no satisfacen las demandas nacionales, económicas o estratégicas de los nacionalistas. Un cambio pacífico de las fronteras actuales es imposible: por lo tanto, los nacionalistas de esos estados insatisfechos se están preparando para un cambio violento de las fronteras mediante una nueva guerra, obligando a sus vecinos a armarse.

La cuestión rusa tiene su origen en el hecho de que existe una potencia mundial en la frontera abierta con Europa, cuyo objetivo de los dirigentes es derrocar violentamente el sistema europeo existente. Para lograr este objetivo, apoyan con dinero la irredenta social de Europa y esperan seguir con tropas soviéticas tras el estallido de una revolución europea.

Por razones de principio, Rusia se opone al pacifismo moderno, apuesta por métodos militaristas y organiza un ejército fuerte para utilizarlo para cambiar el mapa del mundo, al menos en Europa y Asia. Una vez que este ejército sea lo suficientemente fuerte, marchará sin duda contra Occidente.

Estos dos problemas, que se producen en puntos concretos (Besarabia, Galitzia Oriental), amenazan a diario la paz de Europa. Todo pacifista europeo debe enfrentarse a ellos e intentar evitarlos.

El "Programa Paneuropa" es la única forma de prevenir estas dos amenazas con medios políticos reales y garantizar la paz europea.

Su objetivo es:

1. Garantizar la paz interna europea mediante un acuerdo paneuropeo de arbitraje, un pacto de garantía, una unión aduanera y la protección de las minorías.
2. Asegurar la paz con Rusia mediante una alianza paneuropea, a través del reconocimiento mutuo, la no injerencia y la garantía de fronteras, el desarme conjunto y la cooperación económica, así como reduciendo la opresión social.
3. Asegurar la paz con Gran Bretaña, América y Asia Oriental mediante acuerdos de arbitraje y la reforma regional de la Sociedad de Naciones.

El Programa Paneuropa es la única solución posible al problema de las fronteras europeas. La incompatibilidad de todas las aspiraciones nacionales, así como la tensión entre las fronteras geográfico-estratégicas, histórico-económicas y nacionales en Europa hacen imposible una gestión justa de las fronteras. Un cambio de las fronteras eliminaría viejas injusticias, pero pondría otras nuevas en su lugar.

Por lo tanto, la solución del problema de las fronteras europeas sólo es posible desactivándolo.

Los dos elementos de la solución son:

A. El elemento conservador del statu quo territorial, que estabiliza las fronteras existentes y evita así una guerra inminente.

B. El elemento revolucionario de la eliminación gradual de las fronteras de forma estratégica, económica y nacional que destruye la posibilidad de futuras guerras.

Este aseguramiento de las fronteras, combinado con su desmantelamiento, preserva la organización formal de Europa, al tiempo que modifica la occidental.

De este modo asegura la paz presente y futura, así como el desarrollo económico y nacional de Europa.

El otro peligro de guerra europeo es el ruso. Por un lado, la militarización rusa surge del miedo a una invasión antibolchevique apoyada por Europa; por otro, de la voluntad de lanzar una guerra agresiva contra Europa en nombre de la liberación social.

Por lo tanto, el objetivo del pacifismo europeo debe ser proteger tanto a Rusia de un ataque europeo como a Europa de un ataque ruso. Lo primero sólo es posible mediante una voluntad de paz; lo segundo, mediante la superioridad militar. Esta superioridad militar puede ser alcanzada inmediatamente por Europa sin aumentar su armamento a través de una alianza de defensa paneuropea.

El pacifismo europeo no debe permitir que esta superioridad degenere en una carrera armamentística, sino que debe convertirla en la base del desarme y el entendimiento ruso-europeo.

Europa no tiene la posibilidad de cambiar la postura política de los gobernantes rusos, cuyo sistema es expansivo. Como no puede persuadirles de la paz, debe forzarles a ella. Si un vecino es pacífico y el otro belicoso, el pacifismo exige que la superioridad militar esté del lado de la paz. Una inversión de esta relación significa la guerra.

Es un engaño de muchos pacifistas ver el camino seguro hacia la paz en su propio desarme. En determinadas circunstancias, la paz exige desarme, pero en otras, armamento. Por ejemplo, si Inglaterra y Bélgica hubieran tenido ejércitos fuertes en 1914, la propuesta de mediación británica habría tenido más posibilidades de ser aceptada poco antes de la catástrofe.

Si, por ejemplo, una nación pacifista se niega a unirse a la guerra mientras sus vecinos acechan la oportunidad de invadirla, no promueve la paz, sino la guerra.

Si otra nación aumenta su armamento para asegurar su paz y provoca así a un vecino pacífico a una carrera armamentística, no promueve la paz sino la guerra.

Cada problema de paz exige una acción individual. Por ello, Europa no puede aplicar los mismos métodos para la paz con Inglaterra y con Rusia.

La paz con Inglaterra, cuya política es estable y pacifista, puede basarse en tratados; la paz con Rusia, que está en revolución y no niega sus planes de guerra contra el sistema europeo, necesita seguridad militar.

Sería igualmente impolítico y poco pacifista confiar en los acuerdos con los soviéticos, que con Inglaterra en la flota. Por otra parte, el pacifismo europeo debe estar siempre preparado, para enfrentarse a una Rusia pacifista, que se haya desarmado y renunciado honestamente a sus planes de invasión de la misma manera que una Inglaterra pacifista.

Pero los pacifistas europeos no deben olvidar nunca que Rusia se está armando en nombre de la liberación social y que millones de europeos considerarían una invasión rusa como una guerra de liberación. Esta guerra se vuelve tanto más amenazadora cuanto más se extiende esta convicción entre las masas europeas.

Al igual que las amenazas nacionales de guerra sólo pueden evitarse acabando con la opresión nacional, este peligro social de guerra sólo puede evitarse acabando con la opresión social.

La irredenta social de Europa sólo abandonará el Tratado de Moscú si se le proporciona la prueba práctica de que la situación y el futuro de los trabajadores en los países democráticos es mejor que en los soviéticos. Si el comunismo demuestra lo contrario, ninguna política exterior podrá salvar a Europa de la revolución y de la unión con la Rusia soviética.

Esto demuestra la estrecha relación que existe entre la política interior y la exterior: la libertad y la paz. Como toda opresión, ya sea nacional o social, lleva consigo el germen de la guerra, la lucha contra la opresión forma parte integrante de la lucha por la paz.

Toda opresión obliga a los opresores a mantener el poder militar, y a los oprimidos y sus aliados al belicismo. A la inversa, una política de guerra y armamento proporciona a los gobernantes estatales el instrumento más fuerte para la opresión interna: el ejército. Por lo tanto, la paz de Europa y del mundo sólo estará permanentemente asegurada cuando las religiones, las naciones y las clases dejen de sentirse oprimidas.

Por eso la política exterior pacífica va de la mano de la política interior liberal, pero la política exterior de guerra con la opresión en el interior.

7. PROMOVER LA IDEA DE PAZ

Además de luchar por su programa de paz en política exterior, el pacifista no debe perder la oportunidad de promover la cooperación y el entendimiento internacionales.

Esto determina la actitud del pacifismo ante la Sociedad de Naciones.

La actual Sociedad de Naciones es muy imperfecta como institución de paz; sobre todo, está muy lastrada por la herencia de la guerra que le dio origen. Es débil, poco articulada, poco fiable; está inacabada mientras Estados Unidos, Alemania y Rusia estén ausentes de ella. Sin embargo, la Sociedad de Naciones de Ginebra es el primer esbozo de una organización internacional mundial que debe sustituir a la actual anarquía de las naciones.

Tiene esta inmensa ventaja sobre todas las instituciones mejores, que no son más que proyectos.

Por lo tanto, todo pacifista debe apoyar a la débil, frágil y embrionaria Sociedad de Naciones; debe criticarla, pero no combatirla; trabajar en su transformación, pero no en su destrucción.

Todo pacifista debería ayudar a eliminar el estúpido odio entre naciones, que perjudica a todos y no hace ningún bien. La mejor forma de hacerlo es difundiendo la verdad y combatiendo el discurso del odio malintencionado e inculto.

Una de las principales causas del odio nacional es que las naciones no se conocen entre sí y, al ver sólo las declaraciones de una prensa y una literatura chovinistas, sólo las perciben en imágenes distorsionadas. Para combatir estas actitudes, el pacifismo debería crear una literatura ilustrada, promover las traducciones, así como el intercambio de profesores, maestros, estudiantes y niños. Un acuerdo internacional debería tener como objetivo combatir el discurso de odio chovinista contra las naciones extranjeras en las escuelas y la prensa.

Para promover la idea de la paz y combatir la guerra, deben crearse en todas las naciones ministerios de la paz que, en contacto permanente entre sí y con todas las organizaciones pacifistas del país y del extranjero, sirvan a la reconciliación internacional.

Una de las tareas más importantes del pacifismo es la introducción de un lenguaje común. Porque antes de que las naciones puedan hablar entre sí, es difícil esperar que se entiendan.

Una lengua común internacional tendría como finalidad que cada persona hablara su lengua materna en casa, mientras que utilizaría la lengua común en el trato con los extranjeros. Toda persona que sale de su patria sólo necesita una lengua común, mientras que hoy en día necesita varias lenguas en el extranjero. Como lengua común, sólo el esperanto y el inglés entran en cuestión. Cuál de ellas se elija es irrelevante mientras el mundo se ponga de acuerdo en una de estas dos.

La lengua inglesa tiene la gran ventaja sobre el esperanto de que ya ha asumido el papel de lengua común internacional en la mitad de Asia, África y América, así como en grandes partes de Europa, de modo que en estas zonas su introducción oficial sólo sería la sanción de la práctica existente. En su posición intermedia entre las lenguas germánicas y romanas, es fácilmente aprendible tanto para los alemanes como para los romanos, así como para los eslavos, que ya hablan una lengua germánica o romana. Además, el inglés es la lengua de las dos partes más poderosas de la tierra y la lengua materna más utilizada por la humanidad blanca.

La introducción de la lengua común internacional podría hacerse mediante una propuesta de la Sociedad de Naciones para imponerla en todas las escuelas medias y centros de formación del profesorado del mundo, y al cabo de una década también en las escuelas primarias.

La difusión de la ilustración y la lucha contra la ignorancia humana tienen más posibilidades de éxito para la propaganda de la paz que la difusión de la caridad y la lucha contra el mal.

Porque las creencias humanas cambian más rápido que los instintos humanos, y al menos en Europa, el movimiento pacifista no tendría necesidad de apelar al corazón humano, si pudiera confiar en la mente humana.

Al igual que la Ilustración acabó con la quema de brujas, la tortura y la esclavitud, algún día acabará con la guerra, vestigio de una época bárbara de la humanidad.

No se sabe cuándo ocurrirá, pero es seguro que ocurrirá. Depende de los pacifistas. Que los humanos aprendieran por fin a volar después de cientos de miles de años era mucho más maravilloso e improbable que un día aprendieran a vivir en paz unos con otros.

8. PROPAGANDA PACIFISTA

La propaganda pacifista es el complemento necesario de la política de paz: porque la política pacifista es a corto plazo, la propaganda pacifista a largo plazo.

La propaganda pacifista por sí sola es incapaz de prevenir la amenaza inminente de guerra, ya que requiere al menos dos generaciones para su impacto; la política pacifista por sí sola es incapaz de asegurar la paz permanente, ya que el rápido desarrollo de nuestra era apenas extiende la esfera de influencia de la política más allá de dos generaciones.

En el mejor de los casos, la política de paz puede, con gran habilidad, crear un acuerdo temporal para dar a la propaganda pacifista la oportunidad de desarmar moralmente a las naciones y convencerlas de que la guerra es un medio bárbaro, poco práctico y anticuado de tratar las diferencias internacionales.

Porque, mientras este conocimiento no prevalezca internacionalmente y mientras haya naciones que consideren la guerra como el medio más adecuado para alcanzar sus objetivos políticos, la paz no podrá basarse en el desarme, sino sólo en la superioridad militar de los pacifistas.

El desarme completo sólo es posible tras la victoria de la idea de la paz; la abolición de la policía sería posible tras la extinción de la criminalidad: de lo contrario, la abolición de la policía conduce a una dictadura del crimen; la abolición del ejército, a una dictadura de la guerra.

IDEALISMO PRÁCTICO

La propaganda pacifista se dirige contra los instintos bélicos, los intereses bélicos y los ideales de guerra. La lucha contra los instintos de guerra debe dirigirse a su debilitamiento y a la distracción, así como al fortalecimiento de los instintos opuestos.

Por encima de todo, es importante destetar a las naciones guerreras y dejar así que sus instintos bélicos mueran, como los fumadores, los alcohólicos y los adictos a la morfina pierden su adicción al dejar de consumir. El medio para que cese la guerra es la política de paz.

El deporte es muy adecuado para distraer los instintos de lucha humanos -especialmente masculinos- de la atracción que ejerce la guerra. No es casualidad que las naciones más deportistas de Europa (Inglaterra, Escandinavia) sean también las más pacíficas.

Sólo la caza es aquí una excepción: preserva la forma más primitiva de combate y refuerza el instinto de matar, en lugar de desviarlo. Ha contribuido mucho a preservar el militarismo europeo, ya que la caza era el principal deporte de las clases dirigentes y de los gobernantes; porque la caza incita a no respetar la vida e insensibiliza contra el derramamiento de sangre.

La condena de la guerra nunca debe degenerar en condena de la lucha. Semejante descarrilamiento del pacifismo sólo haría el juego a los militaristas, comprometiendo ética y biológicamente el pacifismo.

Porque la lucha y la voluntad de luchar son creadoras y preservadoras de la cultura humana.

El fin de la lucha y la muerte de los instintos humanos de lucha serían sinónimos del fin y la muerte de la cultura y del hombre.

Luchar es bueno; sólo la guerra es mala, porque es una forma primitiva, tosca y obsoleta de batalla internacional, como los duelos son una forma primitiva, tosca y obsoleta de batalla social.

El objetivo del pacifismo no es la abolición del combate, sino el perfeccionamiento, la sublimación y la modernización de sus métodos.

Hoy en día, el combate económico está a punto de sustituir al combate armado: el boicot y el bloqueo están sustituyendo a la guerra, y la protesta política ha reemplazado a la revolución. China ha ganado varias batallas políticas contra Japón con boicots, y Gandhi está intentando ganar la guerra de liberación india de esta forma incruenta.

Llegará un tiempo en que la rivalidad nacional se librará con armas de la mente, en lugar de cuchillos y balas. En lugar de carreras armamentísticas, las naciones competirán entre sí en logros científicos, artísticos y tecnológicos, en justicia y bienestar social, en salud pública y educación pública y en el surgimiento de grandes personalidades.

La segunda tarea de la propaganda pacifista es la lucha contra los intereses bélicos. Esta propaganda consiste en mostrar a las naciones y a los individuos las escasas posibilidades de beneficio y el tremendo riesgo de pérdidas, con el resultado de que la guerra se convierte en un negocio malo, arriesgado y poco rentable.

En lo que respecta a las naciones, Norman Angell ya lo demostró antes de la guerra, y la guerra mundial ha confirmado brillantemente su tesis.

Si, desde un punto de vista nacional, una guerra de liberación victoriosa en la India o una conquista de Australia por los mongoles compensarían las víctimas puede quedar aquí sin explicación; pero es seguro que en una nueva guerra europea el vencedor saldría gravemente dañado política, económica y nacionalmente, mientras que la nación derrotada quedaría destruida para siempre. El beneficio potencial no guarda relación alguna con las pérdidas.

Sólo están interesados en la guerra los políticos y militares ambiciosos que esperan la gloria, por un lado, y los codiciosos proveedores de guerra que esperan hacer negocio, por otro. Estos grupos son muy pequeños, pero muy poderosos.

El primer grupo puede enfriarse con un pacifismo decidido en los Estados democráticos: los políticos que antepongan sus ambiciones al bienestar de su nación serán tratados como criminales.

A menudo se dice de los oficiales, que sus ambiciones bélicas son su deber profesional. En las naciones pacifistas, esto sería un defecto, porque allí el ejército no es un medio de conquista, sino un arma necesaria contra la voluntad extranjera de guerra. Por lo tanto, sería necesario que los oficiales fueran educados como pacifistas, pero pacifistas heroicos que estén siempre dispuestos a sacrificar su vida por el mantenimiento de la paz y que se vean a sí mismos como cruzados en la lucha contra la guerra.

Hay que recordar a los industriales, que anhelan la guerra por los beneficios, que al final de la próxima guerra europea está el bolchevismo. Pueden esperar la expropiación, si no la horca. El negocio de la guerra pierde su atractivo por esta perspectiva. Porque parece más ventajoso para la industria contentarse con ganancias de paz relativamente estrechas pero seguras, en lugar de alcanzar las gordas pero amenazantes ganancias de la guerra.

Estos argumentos son importantes porque quitan el motor de oro a la propaganda bélica y se lo dan a la propaganda pacifista.

La propaganda pacifista también debe movilizar la imaginación humana contra una futura guerra. Tiene que educar a las masas sobre los peligros y horrores que les amenazan en caso de guerra: sobre los nuevos rayos y gases que pueden matar ciudades enteras, sobre la amenaza de una guerra de exterminio, que se dirigiría menos al frente que a las zonas rurales; sobre las consecuencias políticas y económicas de una guerra así para vencedores y vencidos.

Esta propaganda debe ayudar a la débil memoria humana y a la débil imaginación humana: porque si la gente tuviera más imaginación, no habría más guerras. La voluntad de vivir sería el aliado más fuerte del pacifismo.

Los instintos bélicos son burdos y primitivos, los intereses bélicos son problemáticos y peligrosos, los ideales de guerra son falsos y anticuados.

Equiparan falsamente guerra con lucha, guerreros con héroes, falta de imaginación con valentía, miedo con cobardía.

Son de una época perdida, de condiciones ya superadas. En su día fueron moldeadas por una casta guerrera y adoptadas por naciones libres sin crítica.

Antaño, el guerrero era el guardián de la cultura, el héroe de guerra era un verdadero héroe, la guerra era un elemento vital de las naciones cuyo destino se decidía por su valentía en el campo de batalla.

Desde entonces, la guerra se ha vuelto poco caballerosa, sus métodos viles, sus formas feas; la valentía personal ya no es crucial: la fealdad miserable de un matadero masivo ha ocupado el lugar de la belleza caballeresca de un torneo masivo. La guerra mecanizada de hoy ha perdido para siempre su romanticismo.

Desde un punto de vista ético, una guerra defensiva es defensa propia organizada; una guerra ofensiva es asesinato organizado. Peor aún: se obliga a personas pacíficas a envenenar y despedazar a otras personas pacíficas. Peor aún: se obliga brutalmente a personas pacíficas a envenenar y despedazar a otras personas pacíficas.

La culpa de este asesinato masivo instigado no recae en los ejecutores, sino en los instigadores. En los Estados democráticos estos instigadores son los parlamentarios favorables a la guerra, e indirectamente sus votantes. Por lo tanto, cualquiera que tenga miedo de cometer un asesinato debería pensarse dos veces a quién envía al parlamento.

9. NUEVO HEROÍSMO

La renovación del ideal del héroe a través del pacifismo hace añicos la principal arma de la propaganda militarista. Pues nada da más poder al militarismo que el monopolio del heroísmo.

El pacifismo se suicidaría combatiendo el ideal heroico; perdería a todos sus valiosos seguidores, pues la veneración por el heroísmo es la medida de la nobleza humana.

Debe penetrar el conocimiento de que el heroísmo de Cristo es una forma superior de evolución que el heroísmo de Aquiles, y que los héroes físicos del pasado son sólo los precursores del héroe moral del futuro.

Ningún pacifista honesto intentaría acabar con el heroísmo de los hombres que se han jugado la vida por sus ideales más allá del servicio militar obligatorio; que han dejado de lado voluntariamente la felicidad de su familia, su comodidad, su seguridad y su salud para cumplir con su deber. Su heroísmo no se ve afectado por la cuestión de si se originó a partir de suposiciones falsas o correctas. Nada sería más mezquino que la burla de este tipo de heroísmo.

Lo contrario de esos héroes son los demagogos que promueven la guerra en asambleas, redacciones y parlamentos, y luego, lejos del frente hacen uso de ese heroísmo.

El intento de algunos militaristas de monopolizar el heroísmo para el partido de la guerra es tan deshonesto como el intento de algunos nacionalistas de monopolizar el espíritu nacional.

Porque quien quiere preservar a su pueblo de la mayor catástrofe de la historia mundial es al menos tan patriota como quien espera un nuevo poder mediante una guerra victoriosa; el primero construye sobre el error, el segundo sobre la verdad.

Hoy en día, hay algunos países europeos donde es más peligroso luchar por la paz que por la guerra: en estos países, los pacifistas demuestran un valor heroico mayor que los belicistas.

El insulto más grave e injusto para una nación es cuando un rango, como el de oficial, monopoliza el carácter heroico: porque hay heroísmo en todas las profesiones, heroísmo callado y grande, sin fama, sin romanticismo y sin fachada rutilante; el heroísmo del trabajo y de la mente, el heroísmo de la maternidad, el heroísmo de la convicción.

Y quien estudie las biografías de grandes artistas, pensadores, investigadores, inventores y médicos, comprenderá que existe un heroísmo distinto al de los guerreros y aventureros.

Todo el mundo es un héroe que sacrifica su propio interés por su ideal: cuanto mayor es el sacrificio, mayor es el heroísmo.

Quien no tiene miedo, no es heroico, sino poco imaginativo. Sólo actúa heroicamente quien supera su miedo en aras de su ideal: cuanto mayor es el miedo, mayor es su superación y su heroísmo.

Europa se ha liberado del dominio del feudalismo, pero no del dominio de los valores feudales. Como resultado, el ideal heroico se ha vuelto tan inoportuno y podrido como el concepto de honor. Sólo una renovación puede salvarlo.

El honor de un ser humano y de una nación debe determinarse independientemente de la acción extranjera y determinarse únicamente por sus propias acciones.

Debe prevalecer el principio de que el honor de una nación nunca puede ser violado por el hecho de que su bandera sea arriada por borrachos en algún lugar, sino sólo por el hecho de que sus jueces sean partidistas, sus funcionarios puedan ser sobornados y sus estadistas no cumplan su palabra; de que destierre o asesine a sus mejores hijos, provoque a los vecinos más débiles, oprima a las minorías, desatienda sus obligaciones e incumpla sus acuerdos.

A través de este nuevo código de honor, cesarán naturalmente todas las disputas que dividen a las naciones y las conducen a las guerras: porque cada nación considerará entonces su honor hacer algo por los demás, no para honrarlos, sino para preservar o restaurar su propio honor nacional. La satisfacción de este código podrá entonces determinarse fácilmente mediante el arbitraje.

El pacifismo debe educar a las educaciones presentes y futuras en el *heroísmo de la convicción*. La mentira y la cobardía fueron las culpables del estallido de la guerra; la alimentaron y la sostuvieron, y finalmente pusieron también su sello en la paz. Por eso la lucha contra la mentira es también una lucha contra la guerra. El heroísmo de la paz se convierte en heroísmo de la mente, de la convicción, del autocontrol; sólo entonces puede triunfar sobre el heroísmo de los militaristas.

Este heroísmo de la paz es más difícil y más raro que el de la guerra. Es más difícil dirigir las propias pasiones que el propio equipo, más difícil disciplinar el propio carácter que un ejército de reclutas. Y muchos que podrían clavar fácilmente una bayoneta en el cuerpo de un enemigo, no encuentran el valor de admitir sus convicciones ante un amigo. Esta cobardía moral es el terreno abonado para toda demagogia, incluida la militarista: por miedo a parecer cobardes, millones de personas reniegan hoy de su pacifismo interior, prefiriendo ser cobardes a parecerlo.

La victoria de la idea de paz está íntimamente relacionada con el triunfo del heroísmo moral, que está dispuesto a sacrificarlo todo menos su convicción, y a mantenerse puro contra todos los intentos de persuasión, extorsión y soborno en una época impura.

Estos héroes de la paz deberían organizarse en un ejército de paz voluntario en todas las naciones europeas.

Este ejército de paz debería reclutarse entre héroes que rechazan la guerra como medio bárbaro y disparatado de hacer política y como enemigo de la humanidad, y que siempre están dispuestos a sacrificarse por sus creencias pacifistas.

En primer lugar, estos guerreros de la paz deben ser propagandistas y agitadores que difundan sus ideas a los millones de personas que desean la paz. Pero el ejército de la paz también debe estar preparado para enfrentarse en el momento crucial contra la guerra y salvar la paz mediante su intervención activa.

Al frente de este ejército deben estar hombres que combinen una visión de estadista con una voluntad de paz inquebrantable e inquebrantable.

Sólo si esos líderes están al frente de esos combatientes, Europa podrá esperar no volver a ser invadida y machacada por la guerra.

Richard Coudenhove-Kalergi

Otras publicaciones

Las revoluciones no las hace la clase media, sino la oligarquía de arriba...

Omnia Veritas Ltd presenta:

Historia Proscrita
I
Los banqueros y las revoluciones

Los procesos revolucionarios necesitan agentes, organización y, sobre todo, financiación, dinero.

POR

Victoria Forner

Las cosas no son a veces lo que aparentan...

Omnia Veritas Ltd presenta:

Historia Proscrita
II
La historia silenciada de entreguerras

"El verdadero crimen es acabar una guerra con el fin de hacer inevitable la próxima."

POR

Victoria Forner

El Tratado de Versalles fue "un dictado de odio y de latrocinio"

IDEALISMO PRÁCTICO

OMNIA VERITAS

Distintas fuerzas trabajaban para la guerra en los países europeos

Omnia Veritas Ltd presenta:

HISTORIA PROSCRITA III
LA II GUERRA MUNDIAL Y LA POSGUERRA

POR

VICTORIA FORNER

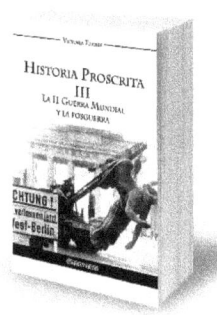

MUCHOS AGENTES SERVÍAN INTERESES DE UN PARTIDO BELICISTA TRANSNACIONAL

OMNIA VERITAS

Nunca en la historia de la humanidad se había producido una circunstancia como la que estudiaremos...

Omnia Veritas Ltd presenta:

HISTORIA PROSCRITA IV
HOLOCAUSTO JUDÍO, NUEVO DOGMA DE FE PARA LA HUMANIDAD

POR

VICTORIA FORNER

UN HECHO HISTÓRICO SE HA CONVERTIDO EN DOGMA DE FE

OMNIA VERITAS

Omnia Veritas Ltd presenta:

Historia de los Bancos Centrales
y la esclavitud de la humanidad

A lo largo de la historia, el papel de los prestamistas se ha considerado a menudo como la "mano oculta"

de

STEPHEN MITFORD GOODSON

El director de un banco central revela los secretos del poder monetario

Una obra clave *para comprender el pasado, el presente y el futuro*

IDEALISMO PRÁCTICO

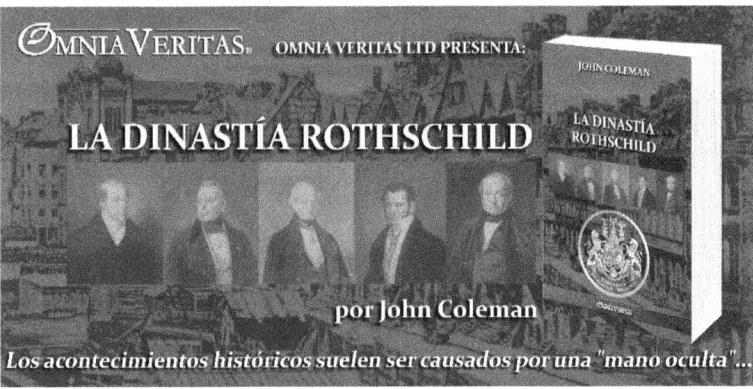

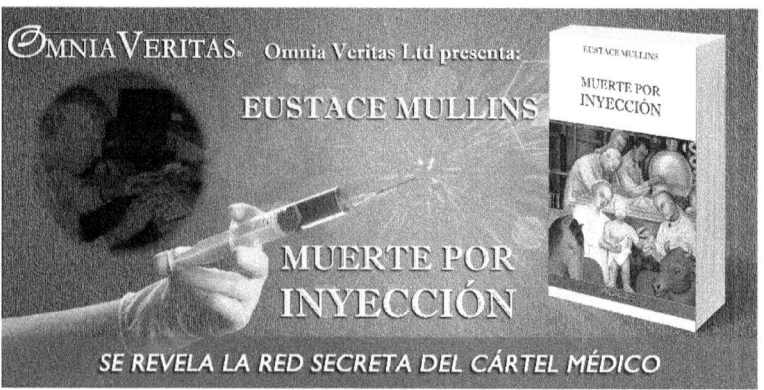

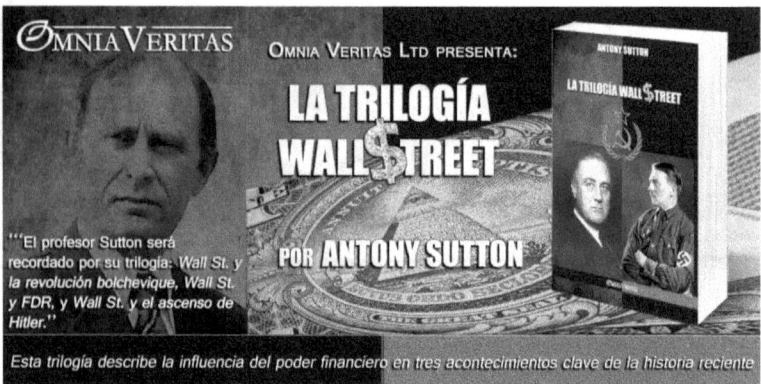
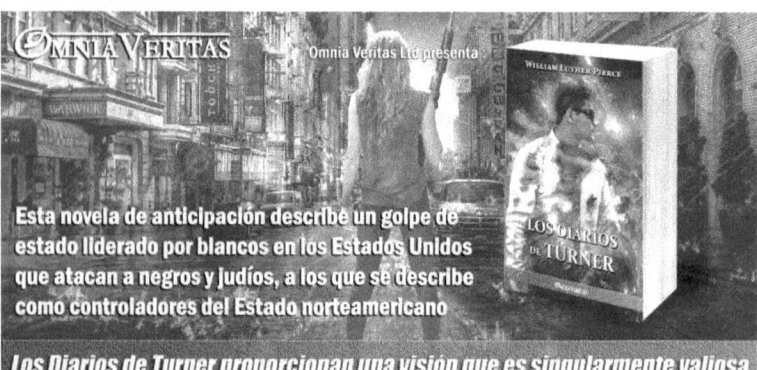

www.ingramcontent.com/pod-product-compliance
Lightning Source LLC
Chambersburg PA
CBHW072132160426
43197CB00012B/2073